ANNIKA SIEMS · WOLFGANG DREYER

Eine Reise in die geheimnisvolle

TIEFSEE

PRESTEL
München · London · New York

Inhalt

Die Energie der Sonne ist Quelle des Lebens. Pflanzen wandeln sie in Nahrung um.

Als Meeresschnee gelangt die Nahrung zu den hungrigen Mäulern in die Tiefe. Nur wenig davon erreicht den Grund des Meeres.

Das Geheimnis der Tiefsee

Im Sommer gibt es nichts Schöneres als einen Tag am Meer: Die Sonne scheint, der warme Sand kitzelt unter den Füßen, die Wellen umspülen deine Zehen. Am Strand findest du bunte Muscheln und Schneckenhäuser. Im flachen Wasser huschen Krebse und Fische vor dir davon. Überall ist Leben. Lange Zeit wussten wir sehr wenig vom Leben im Meer. Allein die Fischer konnten berichten, was sie in ihren Netzen gefangen hatten. Sie reichten allerdings nicht weit hinab, und so blieb die Tiefsee ein großes Geheimnis. Seefahrer sponnen Seemannsgarn von Meeresungeheuern, die ganze Schiffe verschlingen konnten, während die Wissenschaft davon ausging, dass dort, wo kein Sonnenlicht hinreichte, auch kein Leben existieren konnte – dass es also im ewigen Dunkel der Tiefsee gar nichts zu entdecken gäbe.
Weit gefehlt …

Über zwei Drittel der Erdoberfläche sind mit Wasser bedeckt, so riesig sind die Ozeane. Sehen wir vom Ufer weit draußen ein Schiff, erscheint es uns winzig klein – und ist kurz darauf schon in der Ferne verschwunden. Lange Zeit glaubten die Menschen, die Welt wäre flach und würde hinter dem Horizont enden. Doch seit mutige Abenteurer es gewagt haben, über die „Kante" hinaus zu segeln, wissen wir, dass die Erde keine Scheibe, sondern eine Kugel ist, die man mit dem Schiff komplett umrunden kann.

Die Tiefsee hingegen ist noch heute ein Rätsel. Trotz moderner Technik, Unterseebooten und Tauchrobotern ist gerade einmal ein Prozent des Lebens im Dunkel der Meere erforscht. Jeden Tag entdecken Wissenschaftler etwas Neues. Dieses Buch lädt dich ein auf eine Reise in eine geheimnisvolle Welt mit erstaunlichen Bewohnern. Unser Forschungsschiff ist die Meteor. Selbstverständlich hat sie ein Tauchboot an Bord!

EXPEDITION AUF HOHER SEE

Das Forschungsschiff Meteor ist 100 Meter lang und bietet 30 Wissenschaftlern Platz. Es besitzt viele Seilwinden und Kräne, um Meerestiere einzufangen. Die Tiere werden direkt vor Ort in Laboren untersucht. Dafür bleiben die Forscher bis zu 50 Tage auf dem Meer. Zur Mission der Meteor gehört die Erforschung der Tiefsee.

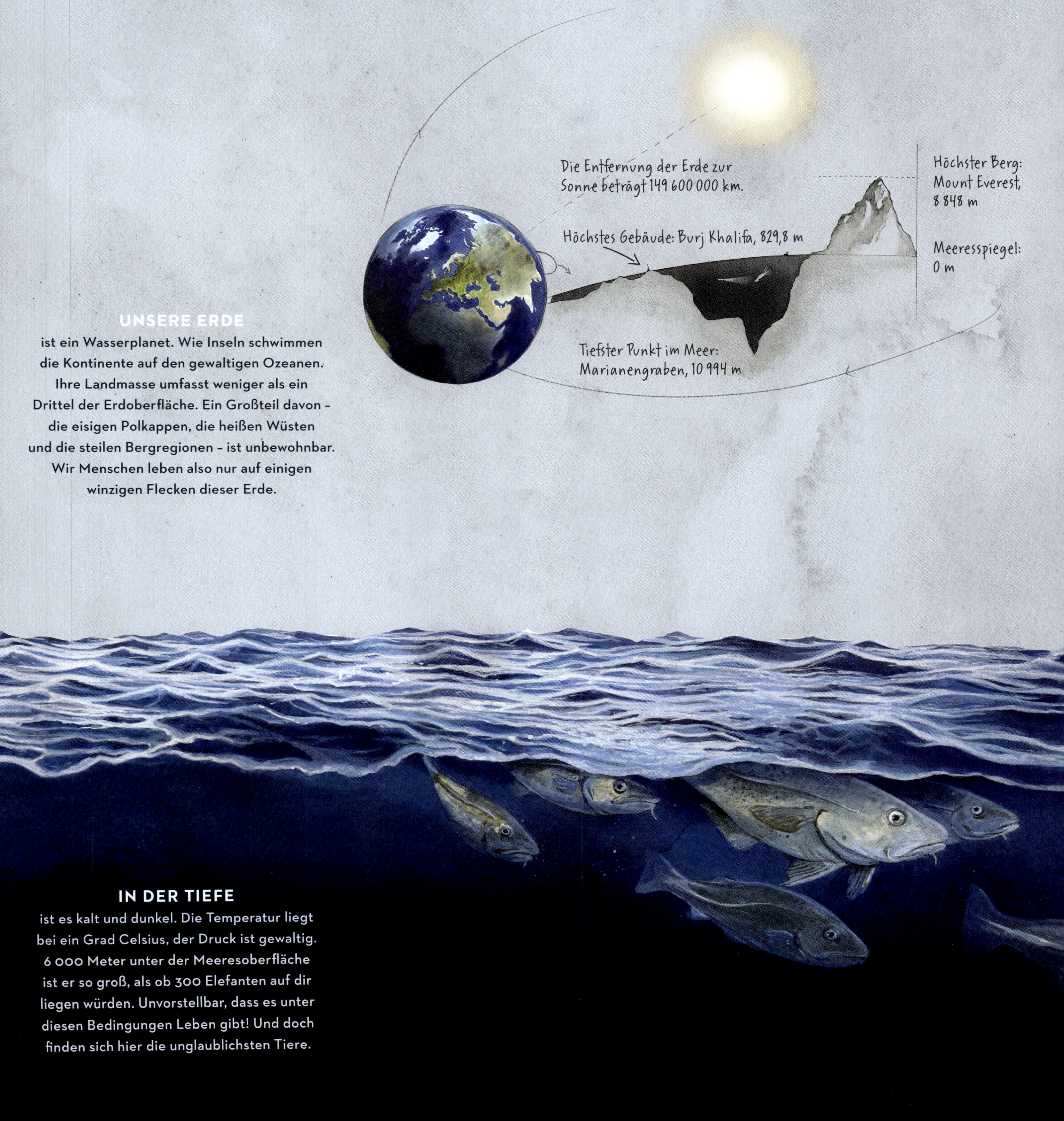

UNSERE ERDE

ist ein Wasserplanet. Wie Inseln schwimmen die Kontinente auf den gewaltigen Ozeanen. Ihre Landmasse umfasst weniger als ein Drittel der Erdoberfläche. Ein Großteil davon – die eisigen Polkappen, die heißen Wüsten und die steilen Bergregionen – ist unbewohnbar. Wir Menschen leben also nur auf einigen winzigen Flecken dieser Erde.

IN DER TIEFE

ist es kalt und dunkel. Die Temperatur liegt bei ein Grad Celsius, der Druck ist gewaltig. 6 000 Meter unter der Meeresoberfläche ist er so groß, als ob 300 Elefanten auf dir liegen würden. Unvorstellbar, dass es unter diesen Bedingungen Leben gibt! Und doch finden sich hier die unglaublichsten Tiere.

Winzige Lebewesen im Meer

Wenn wir vom Schiff aus ins Meer schauen, wirkt es meist blau, weil die Meeresoberfläche den blauen Himmel spiegelt. Taucher hingegen wissen: Im Winter ist das Wasser glasklar, im Frühjahr wird es ein wenig trüber, im Sommer schimmert es grün. Aber woher kommt diese grüne Farbe? Die Antwort verrät ein Blick durchs Mikroskop:

Jeder Tropfen Meerwasser ist voller Leben! Millionen winziger Pflanzen und Tiere schweben im Wasser – eine unglaubliche Vielfalt aus Algen, Larven, Eiern und Bakterien bevölkert das Meer. Diese mikroskopischen Lebensformen nennt man Plankton. Sie sind so klein, dass man sie mit bloßem Auge nicht erkennen kann. Im Sommer, wenn die Sonne länger scheint, vermehren sich die winzigen grünen Algen im Wasser. Darum erscheint das Meer in der warmen Jahreszeit eher grün als blau.

So sieht Plankton in 1000-facher Vergrößerung aus.

ZUM PLANKTON ZÄHLEN

alle pflanzlichen und tierischen Kleinstlebewesen, deren Bewegungsrichtung allein von der Strömung des Wassers bestimmt wird. Das pflanzliche Plankton bezeichnet man als Phytoplankton. Der Name kommt aus dem Griechischen und setzt sich zusammen aus „phyto“ für Pflanze und „plagktón“ für „Umhertreibendes“. Das Phytoplankton besteht aus zahlreichen unterschiedlichen Pflanzenarten, vor allem Grünalgen, Goldalgen und Kieselalgen.

Vom Sonnenlicht zum Sauerstoff

Die grüne Farbe in den Algen nennt man Chlorophyll. Der gleiche Farbstoff steckt in den grünen Blättern der Bäume. Mit seiner Hilfe nimmt das Phytoplankton bis in etwa 40 Meter Wassertiefe Sonnenlicht auf. Licht liefert den Pflanzen Energie, um zu wachsen und sich zu vermehren – und Sauerstoff zu produzieren, den sie ins Wasser und in die Luft abgeben. Der Sauerstoff ist lebensnotwendig für alle tierischen Lebensformen. Man schätzt, dass das Phytoplankton der Meere 50 bis 80 Prozent des Sauerstoffs in der Erdatmosphäre erzeugt. Wir verdanken es also winzigen Zellen im Meerwasser, dass wir unsere Luft atmen können.

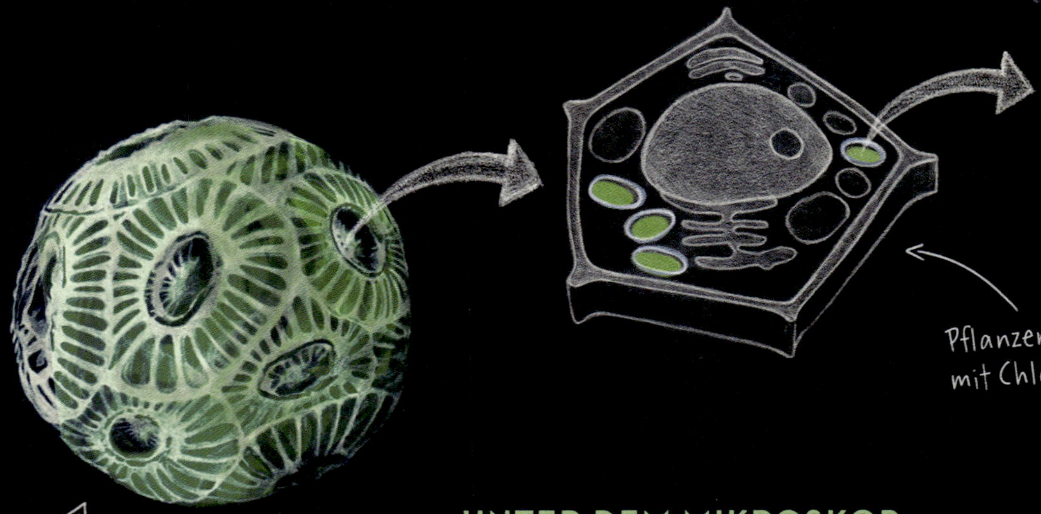

So funktioniert die Photosynthese:

Kohlendioxid wird aufgenommen.

Sauerstoff wird abgegeben.

Zucker wird gebildet.

Wasser rein

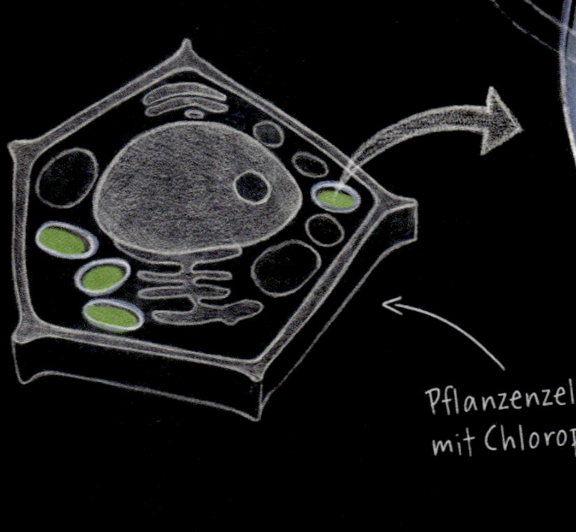

Pflanzenzelle mit Chloroplasten

Alge stark vergrößert

UNTER DEM MIKROSKOP

betrachten wir einen Tropfen Meerwasser mit Algen darin: In den Pflanzenzellen der Algen entdecken wir kleinere grüne Kügelchen, die Chloroplasten. Sie fangen die Energie der Sonne ein und stellen mit ihrer Hilfe Zucker für ihr Wachstum her. Dafür brauchen sie neben dem Licht nur zwei Zutaten: das Gas Kohlendioxid und Wasser. Als Abfall bleibt Sauerstoff übrig, der ins Wasser abgegeben wird, da Algen ihn im Gegensatz zu Tieren und Menschen nicht benötigen. Wir nennen diesen Vorgang Photosynthese.

MEERESBEWOHNER ATMEN

wie wir Menschen Sauerstoff ein und Kohlendioxid wieder aus. Dazu haben sie andere Organe entwickelt: Statt Lungen haben Fische zum Beispiel Kiemen. Durch das regelmäßige Öffnen des Mauls strömt Wasser hinein, das beim Schließen durch die Kiemenspalte wieder herausgepresst wird.

Kiemenblättchen

Kiemenspalte

Kohlendioxid raus

Sauerstoff rein

SAUERSTOFFREICHES WASSER

fließt an den Kiemenblättchen mit sauerstoffarmen Blut vorbei. Dabei wird der Sauerstoff direkt durch die dünne Außenwand der Kiemenblättchen aufgenommen. Auf die gleiche Weise gibt der Fisch Kohlendioxid ab, das mit dem Wasser herausgespült wird.

DER SAUERSTOFFGEHALT

im Meer ist wesentlich geringer ist als in der Luft, daher sind Meeresbewohner darauf angewiesen, möglichst viel davon mit einem Atemzug aufzunehmen, während wir Menschen etwa 95 Prozent des eingeatmeten Sauerstoffs ungenutzt wieder ausatmen. Die Oberfläche ihrer Kiemen ist wie ein gefaltetes Stück Papier angeordnet: So entsteht eine größere Oberfläche für die Sauerstoffaufnahme.

DAS PHYTOPLANKTON

bildet den Anfang einer langen Nahrungskette, die alles Leben auf der Erde ermöglicht. Viele Lebewesen ernähren sich von den winzigen Meerespflanzen. Die zweite Stufe in dieser Kette ist das Zooplankton, das tierische Plankton. Ohne Plankton gäbe es keine Krebse, keine Fische, keine Wale, keine Menschen.

Unter dem Mikroskop bestaunen wir eine fantastische Welt der Farben und Formen. In einem einzigen Tropfen Meerwasser wimmelt es nur so von Leben!

Die allerkleinsten Meerestiere des Zooplanktons werden Nanoplankton genannt: winzige, kugelige Bakterien und Viren, nur zwei bis zwanzig Tausendstel Millimeter groß. Bis zu zwei Millionen von ihnen füllen gerade mal einen Teelöffel. Zu ihnen gehören die Foraminiferen oder Kammerlinge – kleine Einzeller mit einem Haus aus Kalk oder Kieselsäure als Schutz. Sie leben in ungeheuren Mengen am Meeresboden, aber auch im Sand der Strände. Das Vergrößerungsglas zeigt uns wahre Kunstwerke der Natur, die an Schönheit und Vielfalt kaum zu übertreffen sind. Radiolarien gehören ebenfalls zum Nanoplankton. Man nennt sie auch Strahlentierchen, weil ihre feingliedrigen Formen an die Zacken eines Weihnachtssterns erinnern.

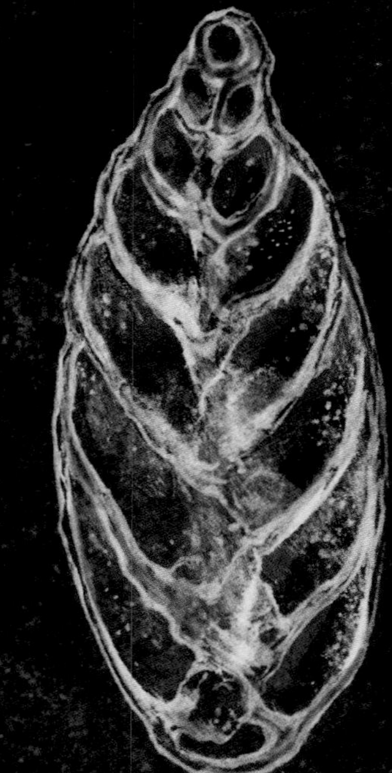

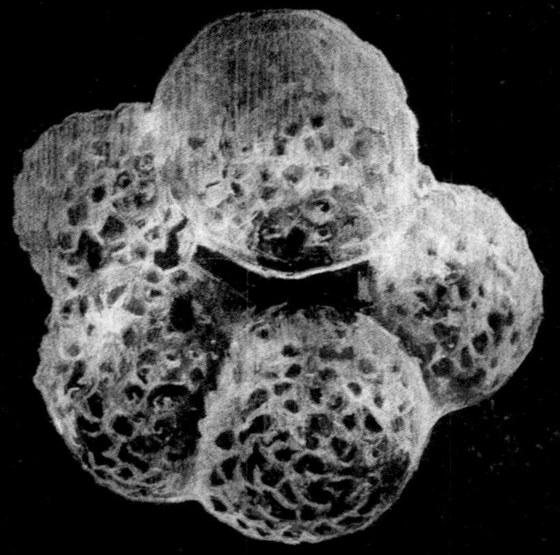

NANNOS

bedeutet auf griechisch „Zwerg" oder „Knirps". Von den winzigen Foraminiferen oder Kammerlingen gibt es rund 10 000 verschiedene Arten. Da ihre Gehäuse sehr häufig zu Fossilien versteinern, konnten Forscher nachweisen, dass sie bereits vor 550 Millionen Jahren existierten.

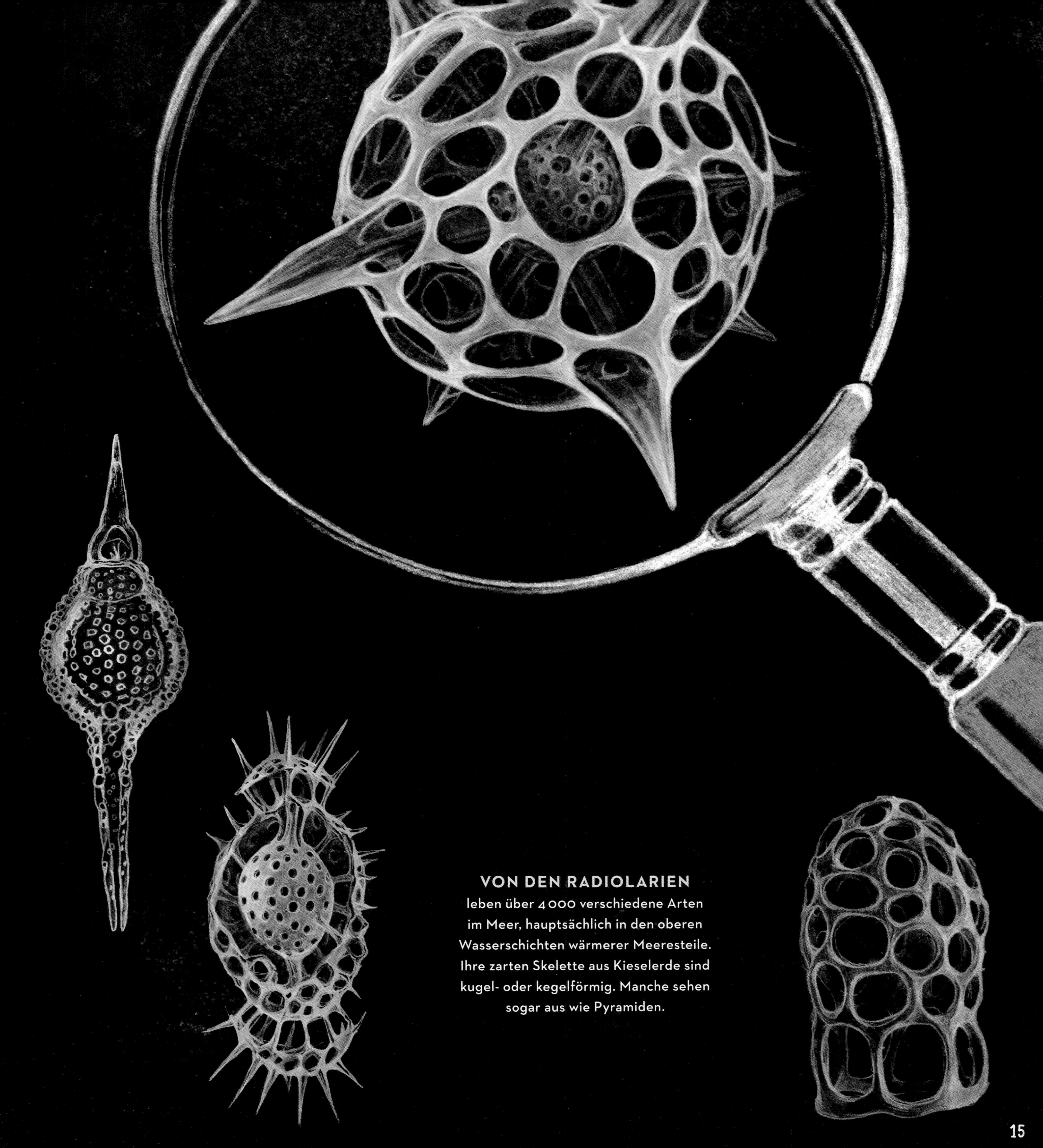

VON DEN RADIOLARIEN
leben über 4000 verschiedene Arten im Meer, hauptsächlich in den oberen Wasserschichten wärmerer Meeresteile. Ihre zarten Skelette aus Kieselerde sind kugel- oder kegelförmig. Manche sehen sogar aus wie Pyramiden.

Das Mesoplankton ist die Kinderstube des Meeres: „Meso" stammt aus dem Griechischen und bedeutet „mittig" oder „Mittleres". Es besteht aus schwebenden Tieren bis zu zwei Millimeter Größe. Eine kunterbunte Palette von Fischeiern, Larven von Quallen, Seesternen und kleinen Krebstieren treibt hier durcheinander. Auch ausgewachsene Meerestiere wie die winzigen Ruderfußkrebse gehören dazu.

VIELE KORALLENARTEN
vermehren sich durch die Abgabe von Eiern und Spermien ins Wasser. Das gleichzeitige Ablaichen von unzähligen einzelnen Tieren wird vermutlich durch Wassertemperatur und Mondphasen gesteuert und geschieht nur in ganz bestimmten Nächten. Ein kleines Wunder!

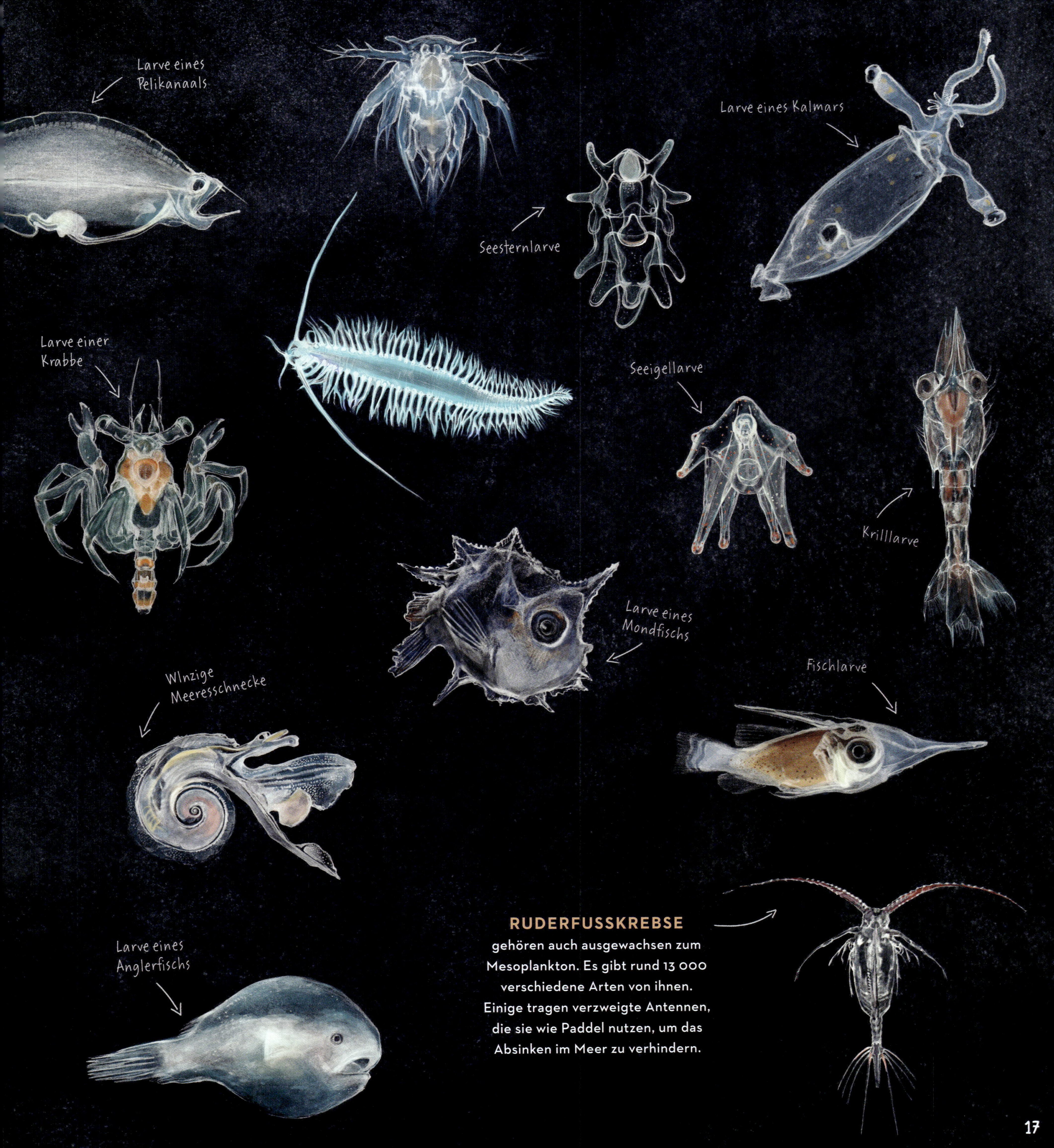

RUDERFUSSKREBSE
gehören auch ausgewachsen zum Mesoplankton. Es gibt rund 13 000 verschiedene Arten von ihnen. Einige tragen verzweigte Antennen, die sie wie Paddel nutzen, um das Absinken im Meer zu verhindern.

Walfutter Krill

Sie sind nur sechs Zentimeter klein, aber dafür unheimlich viele: Leuchtgarnelen sind eine besondere Gruppe des Zooplanktons. Sie ähneln in Größe und Form den Nordseegarnelen, die wir als „Krabben" auf der Speisekarte kennen. Sie mögen kaltes, mineralreiches Tiefenwasser. An besonders nährstoffreichen Stellen im Meer bilden die Tiere so große Schwärme, dass man sie aus dem Weltall sehen kann. Sie sind die wichtigste Nahrungsquelle für Fische. Sogar das größte Tier der Erde, der Blauwal, wird von ihnen satt. Im Norwegischen heißen Leuchtgarnelen daher „Krill" – was „Walfutter" bedeutet.

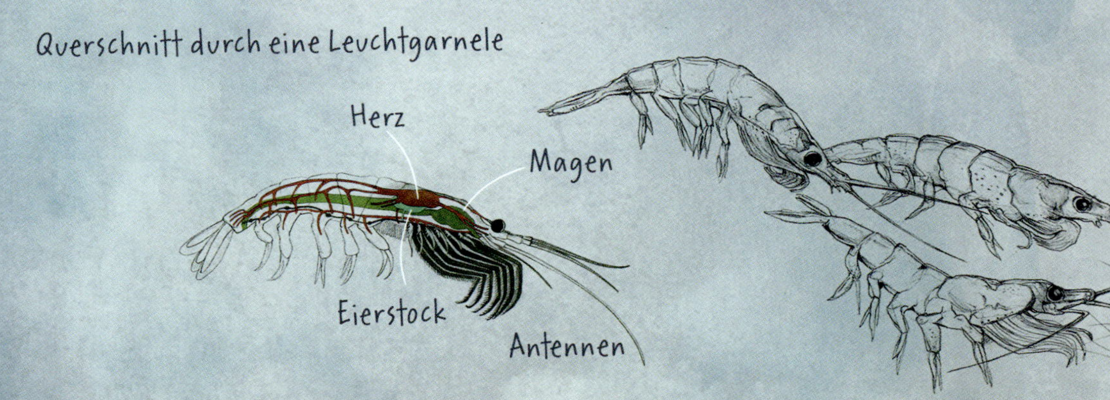

IN DEN OZEANEN DER ERDE leben 8 000 verschiedene Arten Leuchtgarnelen. Die bedeutendste heißt Antarktischer Krill *(Euphausia superba)*. Die kleinen Garnelen von etwa sechs Zentimeter Länge und zwei Gramm Gewicht haben eine Lebensdauer von rund sechs Jahren. Die Planktonfresser sind die wohl erfolgreichste Tierart der Erde: Die Wassermenge einer Badewanne fasst bis zu 30 000 der Kleinkrebse. Man schätzt das Gesamtgewicht aller existierender Exemplare dieser Art auf 500 Millionen Tonnen. So gesehen gibt es mehr Krill als Mensch auf der Welt.

Ein Wal frisst am Tag über 900 Kilogramm Krill. Wer so viele kleine Garnelen verspeisen möchte, ohne das ganze Wasser zu schlucken, braucht einen Krebsfilter. Ob Buckelwal, Finnwal oder Blauwal – alle Bartenwale fressen auf die gleiche Art und Weise: Sie filtern Krill mit ihren 50 bis 100 Zentimeter langen Barten aus dem Wasser. Bis zu 700 dieser bürstenartigen Fasern und Hornplatten tragen die Wale statt Zähnen in ihrem Oberkiefer.

EIN BLAUWAL
kann mehr Wasser aufnehmen als sein eigenes Körpervolumen. Damit so viel in ihn hineinpasst, muss er sein Maul sehr stark ausdehnen.

ZU DEN FURCHENWALEN
gehören alle Großwale außer dem Pottwal – ebenso der Blauwal. Ihren Namen verdanken sie den großen Furchen an der Unterseite ihres Mauls, die das Ausdehnen beim Aufnehmen großer Wassermassen möglich machen. Ein Blauwal hat bis zu 88 solcher Furchen.

Hungrige Großmäuler

Öffnet der Blauwal sein Maul, strömt eine Lastwagenladung Wasser hinein. Darin befinden sich etwa 50 Kilogramm der leckeren Leuchtgarnelen. Ein Blauwal frisst pro Tag bis zu einer Tonne Krill. Das entspricht 240 000 Fischstäbchen!

EIN SPÜRORGAN
in seinem Unterkiefer hilft dem Blauwal den Geruch der Leuchtgarnelen ausfindig zu machen. Denn trotz der gewaltigen Anzahl sind die Garnelen im riesigen Ozean wie eine Nadel im Heuhaufen.

DIE BARTEN
dienen als Krillsieb. Hat der Blauwal genügend Wasser aufgenommen, schließt er schnell das Maul und drückt seine große Zunge ans Gaumendach. So wird das Meerwasser durch die seitlichen Barten wieder herausgepresst, während die Krebstiere wie in einem feinen Kamm hinter ihnen hängen bleiben. Dieser Vorgang dauert etwa eine Minute. Dann leckt der Wal mit seiner Zunge den trocken gelegten Krill zusammen und verschluckt das nahrhafte Futter.

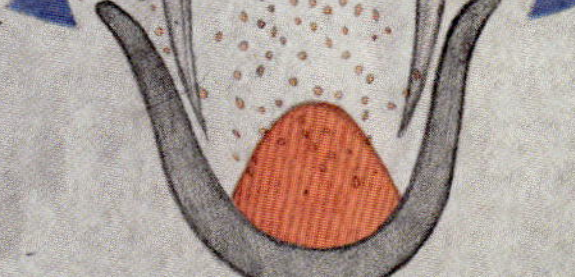

Krill für alle!

Trotz ihrer gigantischen Größe und ihres gewaltigen Hungers fressen Wale nur einen Bruchteil des vorhandenen Krills im Antarktischen Meer. Auch Tintenfische, Fische, Robben und Meeresvögel ernähren sich von den kleinen Leuchtgarnelen – und werden selbst von größeren Tieren gefressen. Krill ist der wichtigste Nahrungslieferant der Ozeane. Sogar wir Menschen fischen große Mengen Krill aus dem Meer, um Arzneimittel daraus herzustellen.

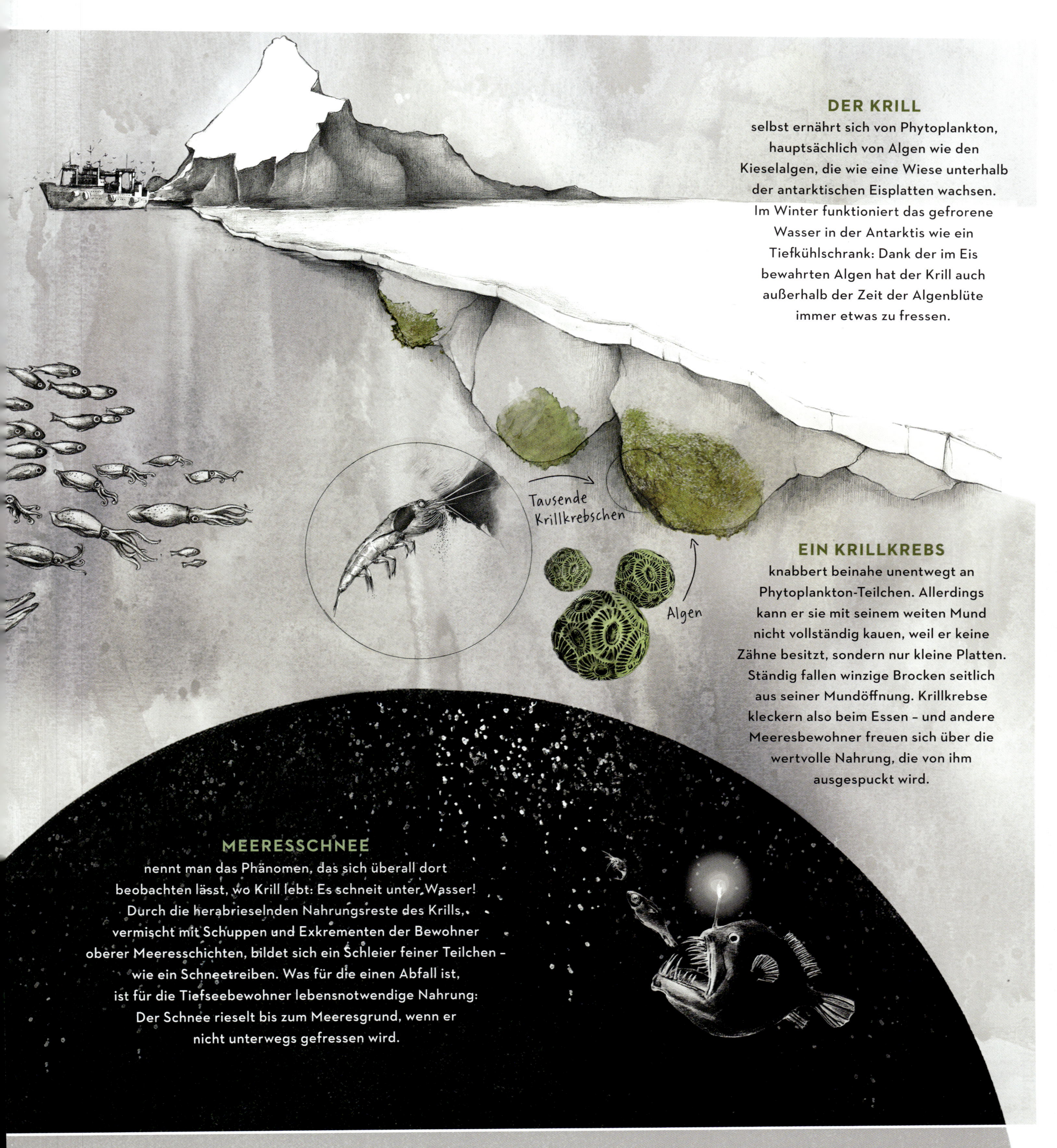

DER KRILL
selbst ernährt sich von Phytoplankton, hauptsächlich von Algen wie den Kieselalgen, die wie eine Wiese unterhalb der antarktischen Eisplatten wachsen. Im Winter funktioniert das gefrorene Wasser in der Antarktis wie ein Tiefkühlschrank: Dank der im Eis bewahrten Algen hat der Krill auch außerhalb der Zeit der Algenblüte immer etwas zu fressen.

EIN KRILLKREBS
knabbert beinahe unentwegt an Phytoplankton-Teilchen. Allerdings kann er sie mit seinem weiten Mund nicht vollständig kauen, weil er keine Zähne besitzt, sondern nur kleine Platten. Ständig fallen winzige Brocken seitlich aus seiner Mundöffnung. Krillkrebse kleckern also beim Essen – und andere Meeresbewohner freuen sich über die wertvolle Nahrung, die von ihm ausgespuckt wird.

MEERESSCHNEE
nennt man das Phänomen, das sich überall dort beobachten lässt, wo Krill lebt: Es schneit unter Wasser! Durch die herabrieselnden Nahrungsreste des Krills, vermischt mit Schuppen und Exkrementen der Bewohner oberer Meeresschichten, bildet sich ein Schleier feiner Teilchen – wie ein Schneetreiben. Was für die einen Abfall ist, ist für die Tiefseebewohner lebensnotwendige Nahrung: Der Schnee rieselt bis zum Meeresgrund, wenn er nicht unterwegs gefressen wird.

Auf Tauchgang

Alle Mann einsteigen, wir gehen auf Tauchgang! Die Glasluke wird geschlossen, und schon schwappt das Wasser über uns zusammen. Wir schalten die Scheinwerfer an und befinden uns mitten im Schneetreiben. Mit unserem Tauchboot können wir dem Meeresschnee folgen und herausfinden, bis wohin er fällt. Uns interessiert, wie viel davon tatsächlich am Meeresgrund ankommt – und wer sich bereits unterwegs daran satt frisst. Jede Fahrt in die Tiefe ist ein Abenteuer: Atemberaubende Wunder verbergen sich in der Finsternis. Ob wir einigen von ihnen begegnen?

DAS SNELLIUSSCHE FENSTER

ist der helle Kreis, den Taucher an der Wasseroberfläche sehen, wenn sie im Meer zurück nach oben blicken. Benannt wurde er nach dem niederländischen Astronomen und Mathematiker Willebrord van Roijen Snell, der das Phänomen schon vor 400 Jahren beschrieben hat. Dieses „Loch“ gibt den Blick frei auf den blauen Himmel. Doch nicht lange, denn das Wasser verschluckt das Licht mit jedem Meter, den man tiefer taucht. Ab 160 Metern schließt sich das Fenster – hierher reicht kein Sonnenlicht mehr.

LICHT

besteht aus Wellenlängen aller Farben des Regenbogens. Jede Farbe hat eine andere Länge. Da das blaue Licht eine kürzere Wellenlänge hat, wird es viel stärker als langwelligeres rotes Licht gestreut. Rotes Licht wird stärker geschluckt als blaues Licht. Dadurch kann blaues Licht tiefer in das Wasser eindringen. Kurz bevor es ganz und gar dunkel wird, verschwinden auch die kleinen Pflanzen des Phytoplanktons: Nur bis 40 Meter unter der Wasseroberfläche können Pflanzen Sonnenlicht aufnehmen und Photosynthese betreiben.

Mit jedem Meter, den wir in die Tiefe tauchen, wird es dunkler. Nach und nach verblassen die Farben. Schon ab vier Metern ist kein Rot mehr zu sehen. Als nächstes verschwindet Orange, dann Gelb. Ab 40 Metern ist auch Grün nicht mehr zu erkennen. Nur die Farbe Blau reicht bis in eine Tiefe von etwa 60 bis 80 Metern. Dort beginnt die Dämmerlichtzone des Mesopelagials. In etwa 1 000 Meter Tiefe ist noch ein schwaches Restlicht als graues Flimmern wahrnehmbar. Unser menschliches Auge kann in dieser Dunkelheit schon nichts mehr erkennen. Darunter beginnt die schwarze Nacht der Tiefsee.

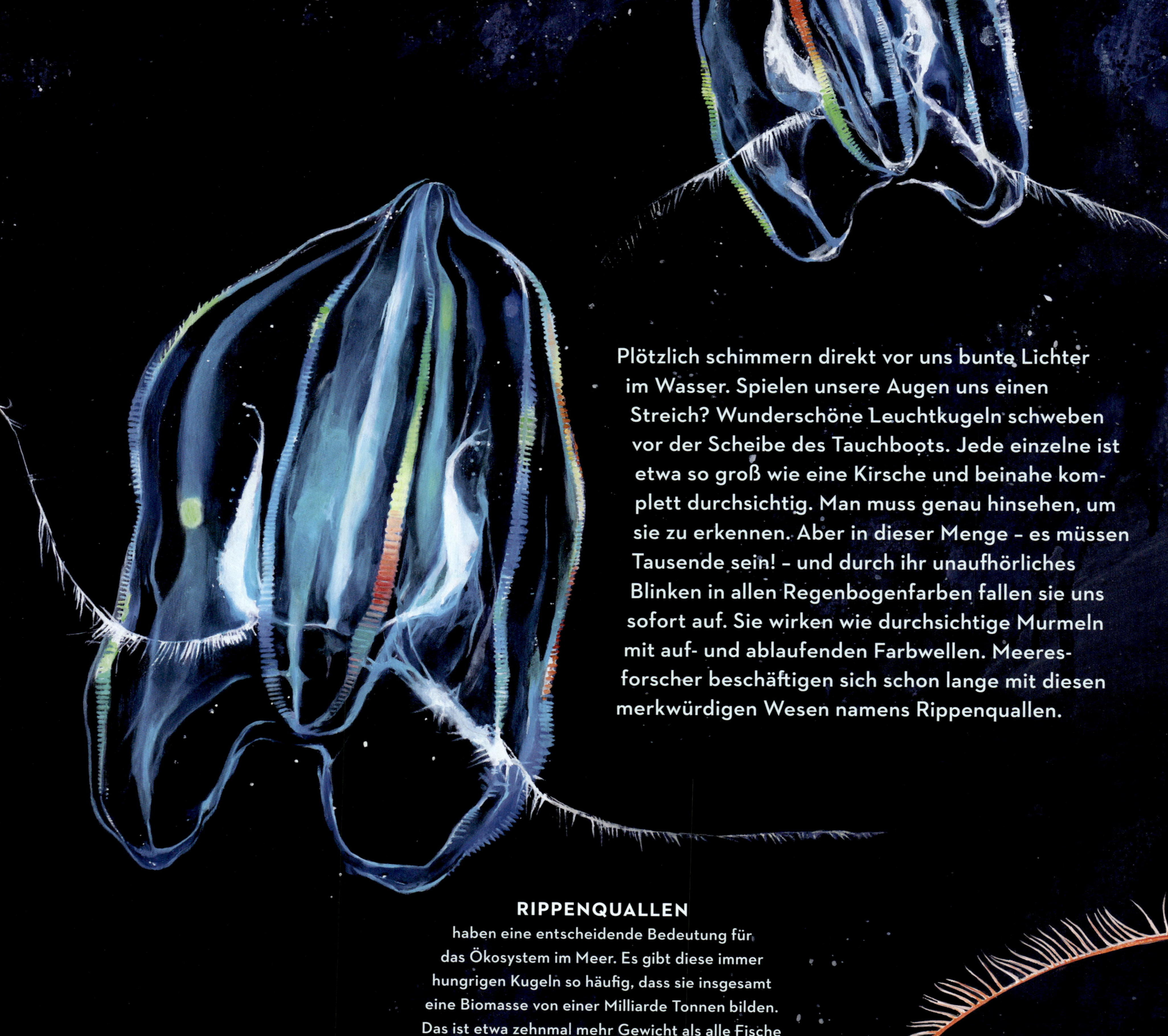

Plötzlich schimmern direkt vor uns bunte Lichter im Wasser. Spielen unsere Augen uns einen Streich? Wunderschöne Leuchtkugeln schweben vor der Scheibe des Tauchboots. Jede einzelne ist etwa so groß wie eine Kirsche und beinahe komplett durchsichtig. Man muss genau hinsehen, um sie zu erkennen. Aber in dieser Menge – es müssen Tausende sein! – und durch ihr unaufhörliches Blinken in allen Regenbogenfarben fallen sie uns sofort auf. Sie wirken wie durchsichtige Murmeln mit auf- und ablaufenden Farbwellen. Meeresforscher beschäftigen sich schon lange mit diesen merkwürdigen Wesen namens Rippenquallen.

RIPPENQUALLEN

haben eine entscheidende Bedeutung für das Ökosystem im Meer. Es gibt diese immer hungrigen Kugeln so häufig, dass sie insgesamt eine Biomasse von einer Milliarde Tonnen bilden. Das ist etwa zehnmal mehr Gewicht als alle Fische zusammen, die jährlich weltweit gefangen werden. Die Rippenquallen gehören zum Plankton und leben in bis zu 3 000 Meter Tiefe. Sie lassen sich mit den Meeresströmungen treiben und fressen Unmengen von Fischlarven, Würmern und Kleinkrebsen – was sich auf die Bestände vieler anderer Tierarten auswirkt.

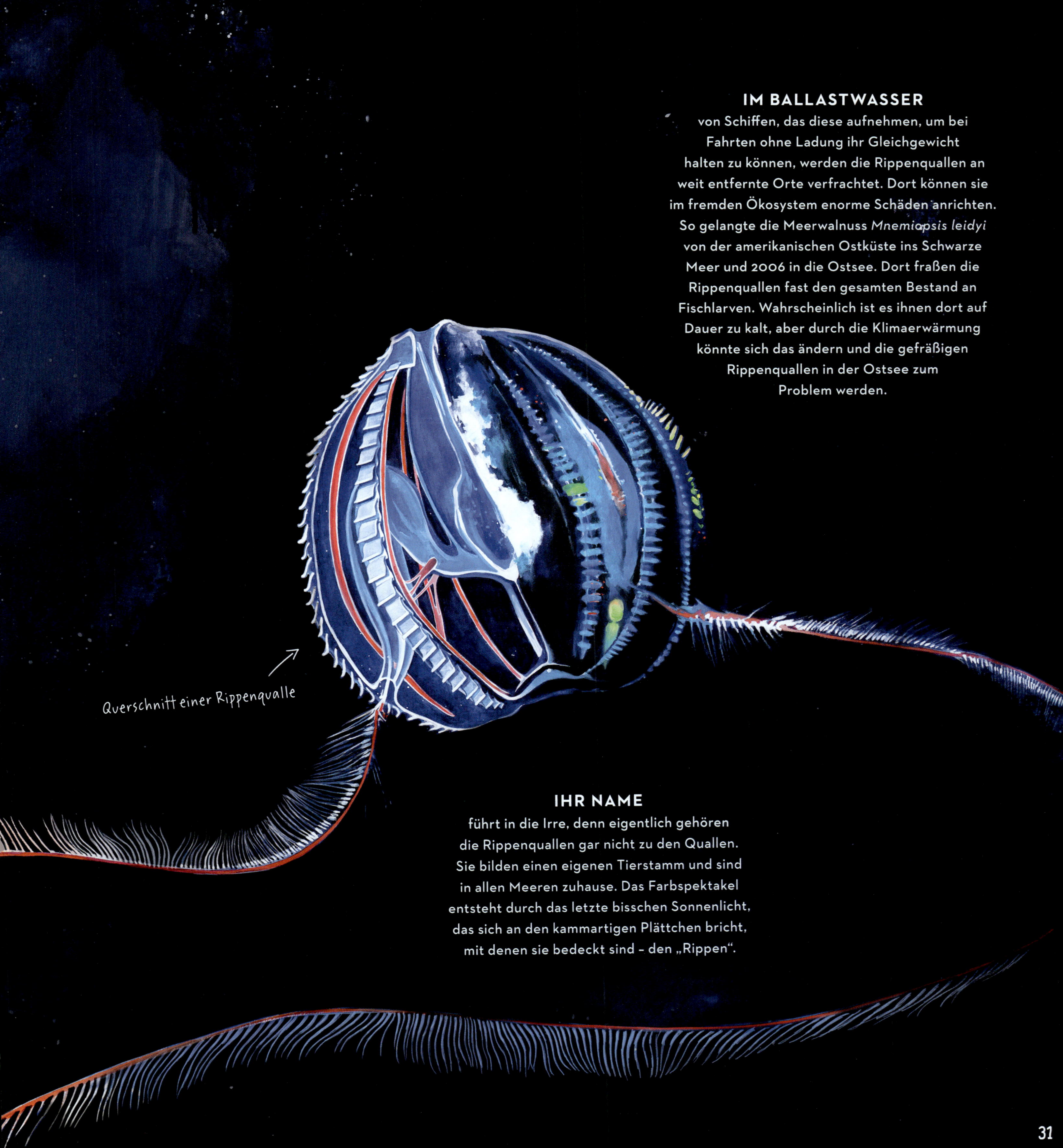

IM BALLASTWASSER

von Schiffen, das diese aufnehmen, um bei Fahrten ohne Ladung ihr Gleichgewicht halten zu können, werden die Rippenquallen an weit entfernte Orte verfrachtet. Dort können sie im fremden Ökosystem enorme Schäden anrichten. So gelangte die Meerwalnuss *Mnemiopsis leidyi* von der amerikanischen Ostküste ins Schwarze Meer und 2006 in die Ostsee. Dort fraßen die Rippenquallen fast den gesamten Bestand an Fischlarven. Wahrscheinlich ist es ihnen dort auf Dauer zu kalt, aber durch die Klimaerwärmung könnte sich das ändern und die gefräßigen Rippenquallen in der Ostsee zum Problem werden.

IHR NAME

führt in die Irre, denn eigentlich gehören die Rippenquallen gar nicht zu den Quallen. Sie bilden einen eigenen Tierstamm und sind in allen Meeren zuhause. Das Farbspektakel entsteht durch das letzte bisschen Sonnenlicht, das sich an den kammartigen Plättchen bricht, mit denen sie bedeckt sind – den „Rippen“.

Die Sprache der Tiefsee

Unser Tauchboot sinkt weiter und schon bald st das Licht völlig verschwunden – willkommen n der Tiefsee! Wie unheimlich es hier unten ist! Es ist nichts zu hören, außer dem unheilvollen Knacken des Tauchboots. Bereits nach wenigen 00 Metern ächzt unser Gefährt unter dem zunehmenden Druck des Wassers. Bei 500 Metern zeigt der Druckmesser beinahe 50 bar. Hier sollten wir nicht mehr aussteigen …
Die Wassertemperatur liegt gerade einmal bei vier Grad Celsius. Kaum zu glauben, dass in diesem kalten schwarzen Dunkel Leben existieren soll! Schalten wir die Lichter des Tauchboots aus, verschwindet der weiße Meeresschnee und wir sehen nichts als Schwärze.
Doch plötzlich scheint ein blinkender Lichtpunkt vor uns auf. Da noch einer. Und noch einer. Wir stehen in einer ganzen Wolke von Hunderten Blinklichtern, die um uns her tanzen. Eine richtige Lichtershow. Was mag das sein?

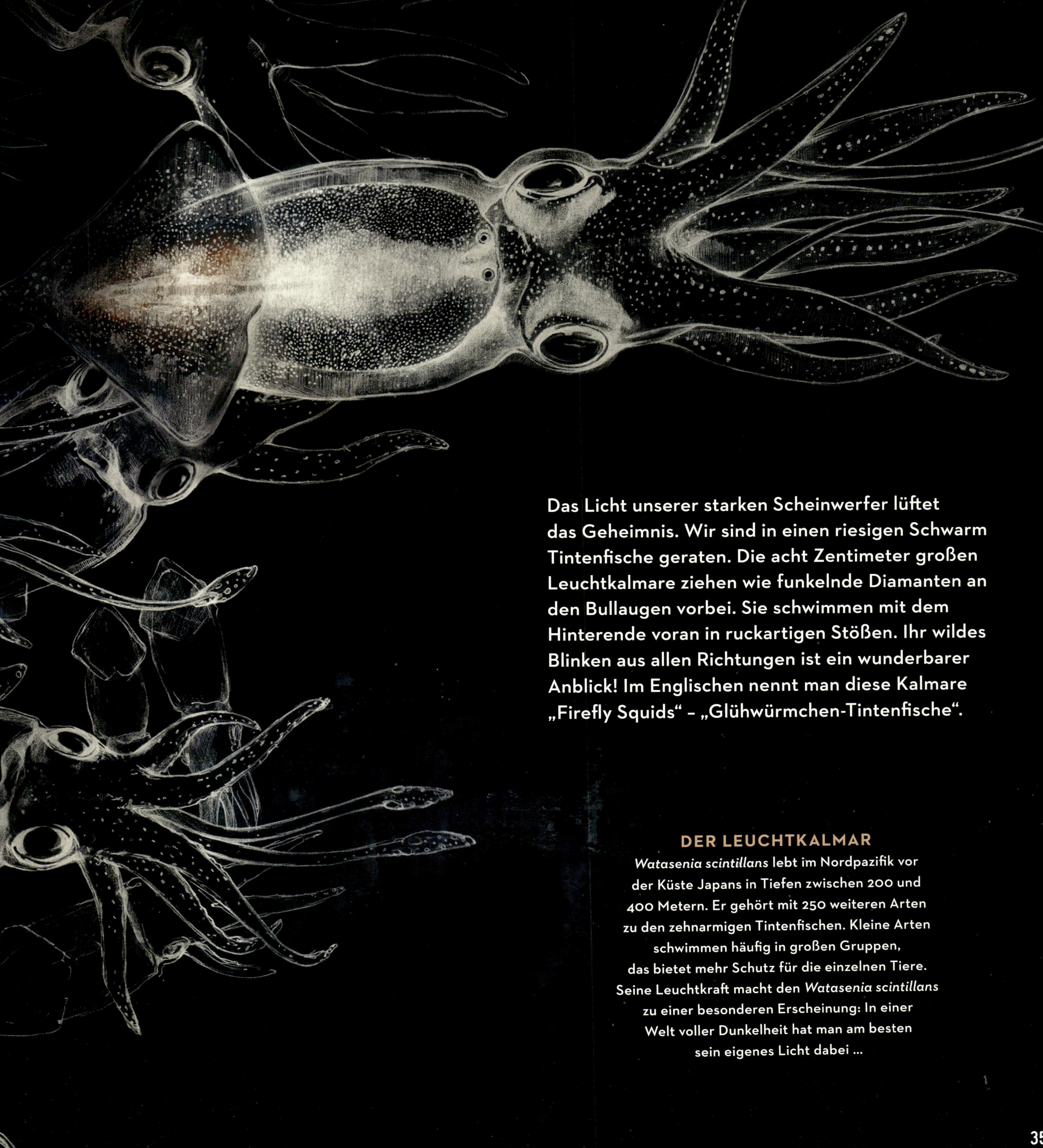

Das Licht unserer starken Scheinwerfer lüftet das Geheimnis. Wir sind in einen riesigen Schwarm Tintenfische geraten. Die acht Zentimeter großen Leuchtkalmare ziehen wie funkelnde Diamanten an den Bullaugen vorbei. Sie schwimmen mit dem Hinterende voran in ruckartigen Stößen. Ihr wildes Blinken aus allen Richtungen ist ein wunderbarer Anblick! Im Englischen nennt man diese Kalmare „Firefly Squids“ – „Glühwürmchen-Tintenfische“.

DER LEUCHTKALMAR

Watasenia scintillans lebt im Nordpazifik vor der Küste Japans in Tiefen zwischen 200 und 400 Metern. Er gehört mit 250 weiteren Arten zu den zehnarmigen Tintenfischen. Kleine Arten schwimmen häufig in großen Gruppen, das bietet mehr Schutz für die einzelnen Tiere. Seine Leuchtkraft macht den *Watasenia scintillans* zu einer besonderen Erscheinung: In einer Welt voller Dunkelheit hat man am besten sein eigenes Licht dabei …

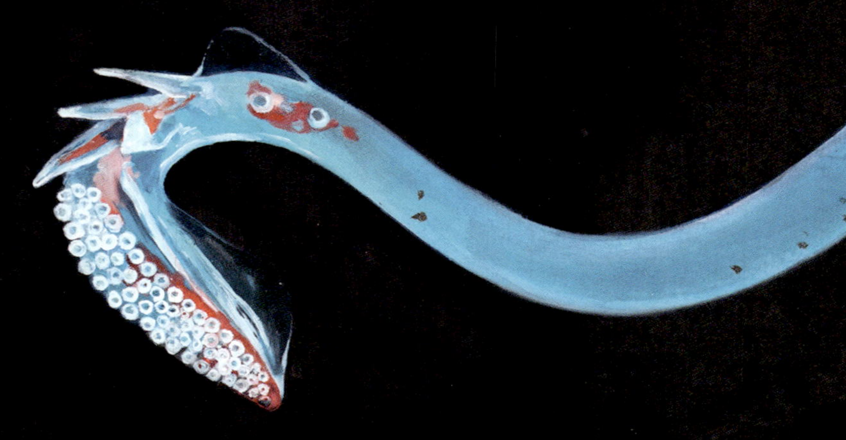

Die Fähigkeit eines Lebewesens, selbst Licht zu erzeugen, nennt man Biolumineszenz. Dieses Licht dient nicht nur zur besseren Sicht oder Orientierung, die meisten Lebewesen der Tiefsee sprechen auf diese Weise miteinander. Die Sprache des Lichts ist wohl die am häufigsten gesprochene auf dem ganzen Planeten. Sie besteht aus unendlich vielen unterschiedlichen Lichtsignalen, mit denen Tiere Botschaften übermitteln.

TINTENFISCHE nutzen Licht zur Verständigung. Das könnte der Grund dafür sein, dass die Tiere so gut Farben sehen. Sie erkennen sich gegenseitig an ihrem Leuchten – und locken damit neugierige Fische an: ihre Nahrung. Gleichzeitig nutzen sie das Funkeln, um die Spiegelung des Sonnenlichts an der Wasseroberfläche nachzuahmen und so hungrige Räuber zu täuschen. Das Licht dient also als Sprache und zugleich als Jagdmethode und Schutz. Es kann sogar zur Verwirrung von Feinden eingesetzt werden: An den Enden der Tentakel befinden sich Leuchtorgane, die der Kalmar seinem Angreifer bei Bedrohung vor die Augen hält. Während dieser geblendet ist, versucht der kleine Tintenfisch zu entkommen.

DER LEUCHTKALMAR *Watasenia scintillans* wird nur etwa acht Zentimeter groß. Sein Körper ist überzogen von Photorezeptoren – kleine Zellen, die als winzige Lämpchen dienen. Diese kleinen Wunderkammern haben einen Durchmesser von gerade einmal 0,2 Millimetern. Ein Leuchtkalmar trägt Hunderte davon in der Haut. Bei Berührung leuchtet der Tintenfisch am ganzen Körper auf.

DER TIEFSEEKALMAR gleitet normalerweise gleichmäßig durchs Wasser, die Tentakel ausgestreckt und wellenartig mit den Flossen schlagend. Zur Flucht nimmt er Wasser auf und stößt es ruckartig wieder aus, um sich einen kräftigen Schub zu verleihen.

So funktioniert ein Leuchtorgan

Die Sprache des Lichts haben wir Menschen noch lange nicht entschlüsselt. Die Signale können ganz Unterschiedliches bedeuten, von „Vorsicht, ich bin gefährlich“ über „Komm, wir jagen gemeinsam“ bis zu „Tintenfischmann sucht Tintenfischfrau“. Doch wie leuchten die Tiere überhaupt? Das Geheimnis sind ihre winzigen Leuchtorgane.

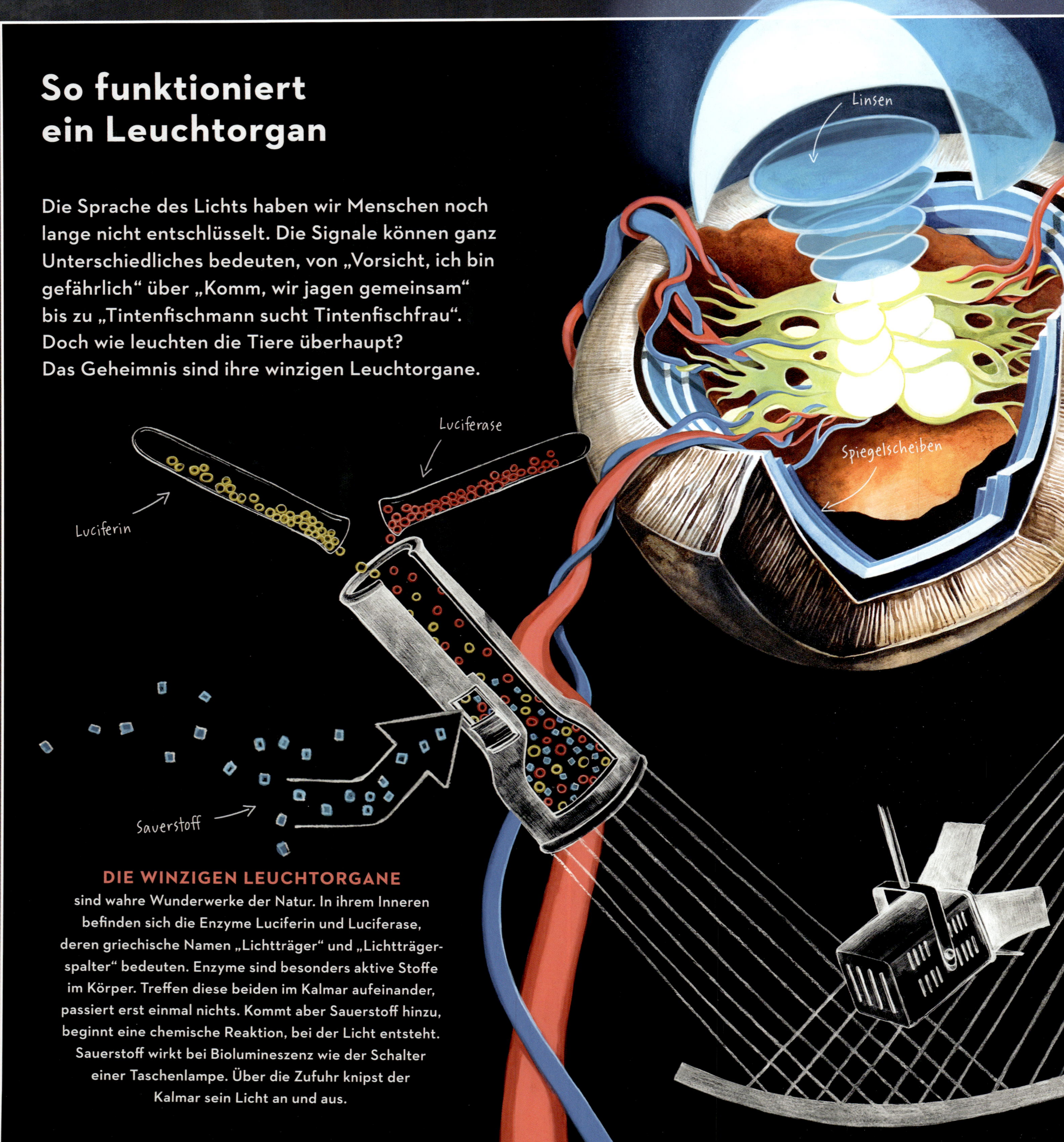

DIE WINZIGEN LEUCHTORGANE sind wahre Wunderwerke der Natur. In ihrem Inneren befinden sich die Enzyme Luciferin und Luciferase, deren griechische Namen „Lichtträger“ und „Lichtträgerspalter“ bedeuten. Enzyme sind besonders aktive Stoffe im Körper. Treffen diese beiden im Kalmar aufeinander, passiert erst einmal nichts. Kommt aber Sauerstoff hinzu, beginnt eine chemische Reaktion, bei der Licht entsteht. Sauerstoff wirkt bei Biolumineszenz wie der Schalter einer Taschenlampe. Über die Zufuhr knipst der Kalmar sein Licht an und aus.

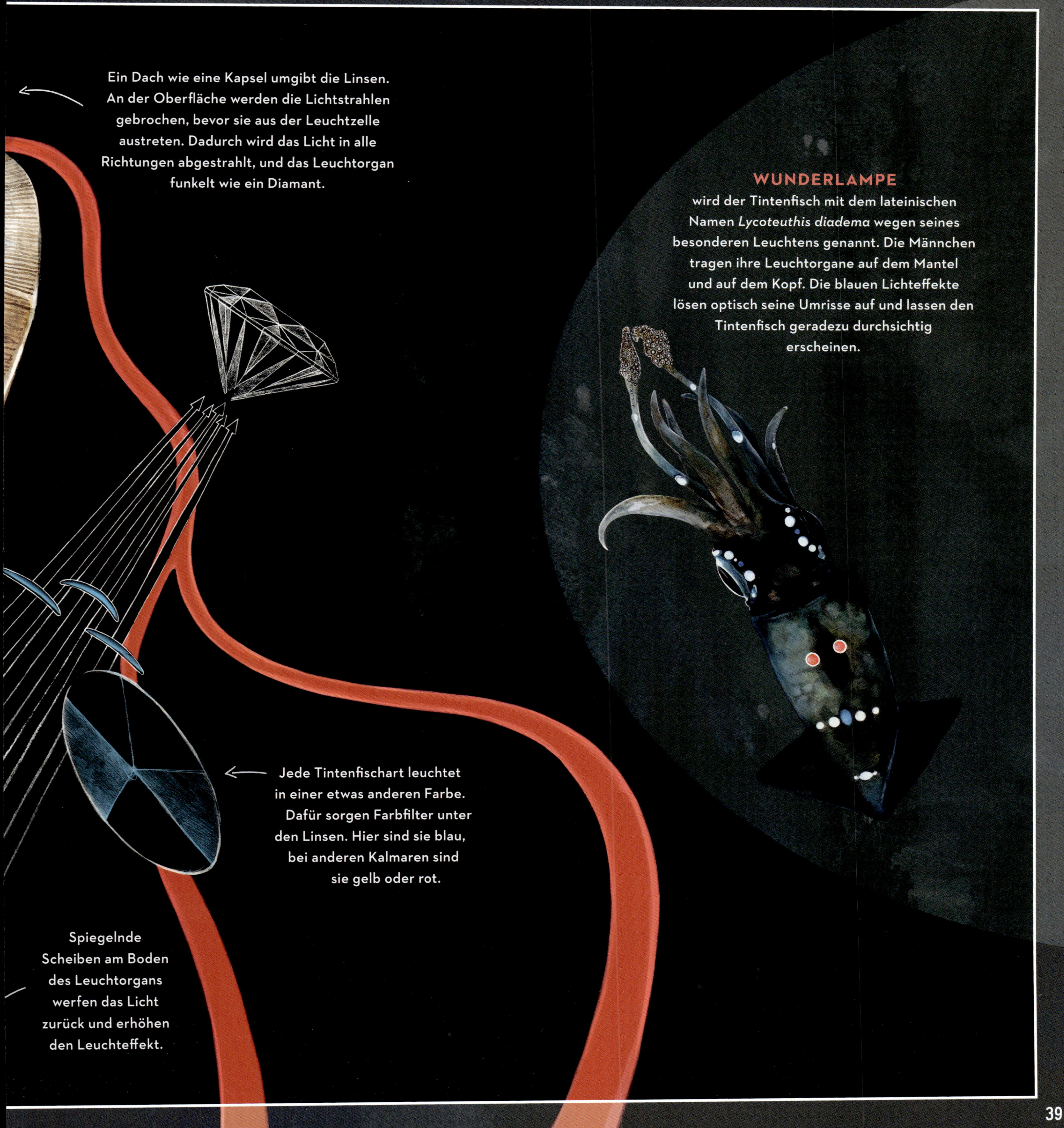

Ein Dach wie eine Kapsel umgibt die Linsen. An der Oberfläche werden die Lichtstrahlen gebrochen, bevor sie aus der Leuchtzelle austreten. Dadurch wird das Licht in alle Richtungen abgestrahlt, und das Leuchtorgan funkelt wie ein Diamant.

Jede Tintenfischart leuchtet in einer etwas anderen Farbe. Dafür sorgen Farbfilter unter den Linsen. Hier sind sie blau, bei anderen Kalmaren sind sie gelb oder rot.

Spiegelnde Scheiben am Boden des Leuchtorgans werfen das Licht zurück und erhöhen den Leuchteffekt.

WUNDERLAMPE

wird der Tintenfisch mit dem lateinischen Namen *Lycoteuthis diadema* wegen seines besonderen Leuchtens genannt. Die Männchen tragen ihre Leuchtorgane auf dem Mantel und auf dem Kopf. Die blauen Lichteffekte lösen optisch seine Umrisse auf und lassen den Tintenfisch geradezu durchsichtig erscheinen.

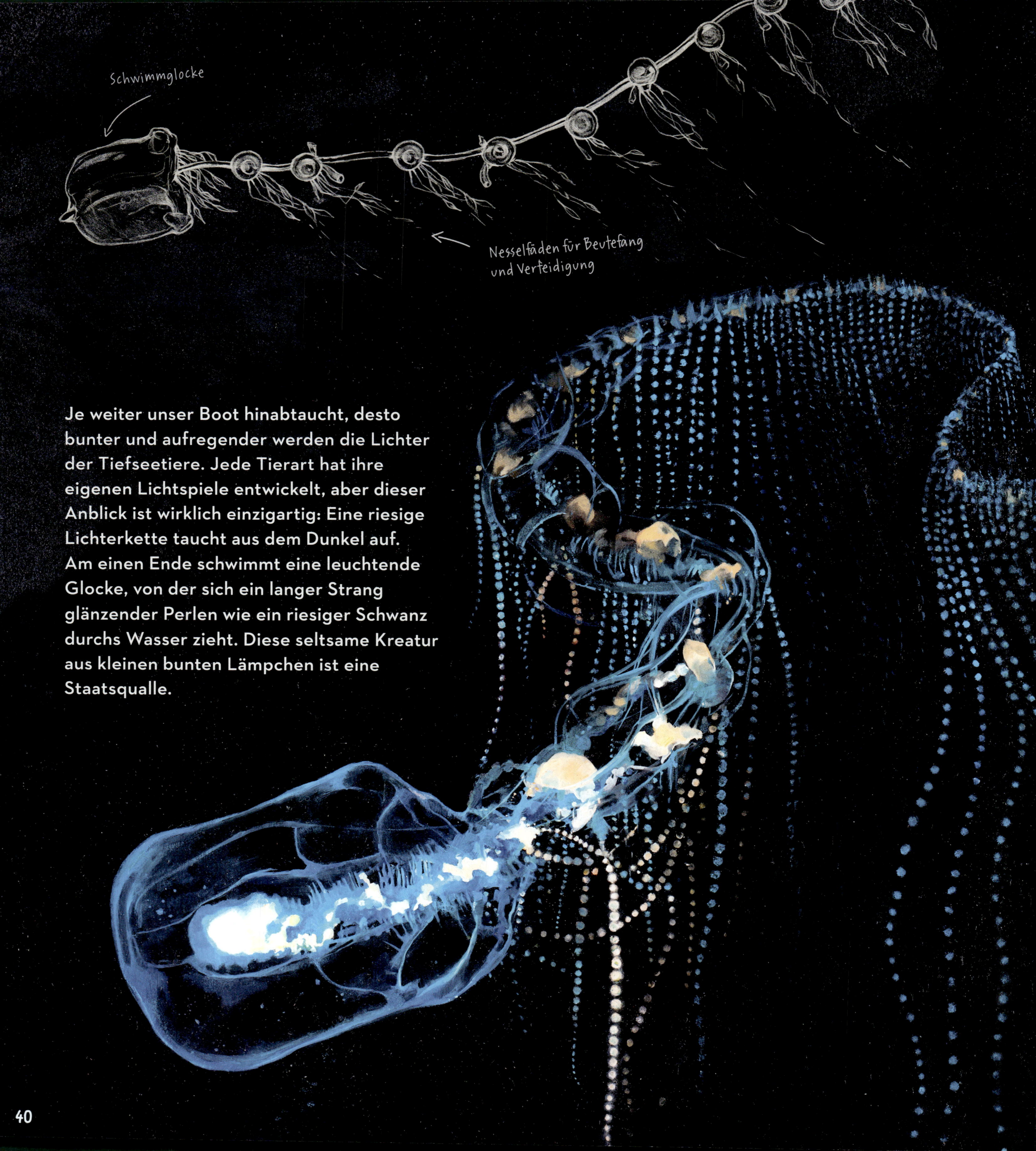

Je weiter unser Boot hinabtaucht, desto bunter und aufregender werden die Lichter der Tiefseetiere. Jede Tierart hat ihre eigenen Lichtspiele entwickelt, aber dieser Anblick ist wirklich einzigartig: Eine riesige Lichterkette taucht aus dem Dunkel auf. Am einen Ende schwimmt eine leuchtende Glocke, von der sich ein langer Strang glänzender Perlen wie ein riesiger Schwanz durchs Wasser zieht. Diese seltsame Kreatur aus kleinen bunten Lämpchen ist eine Staatsqualle.

PRAYA DUBIA

ist die längste Staatsqualle und nach dem Schnurwurm das wahrscheinlich längste Tier der Welt. Sie erreicht über 40 Meter Länge und lebt in Tiefen zwischen 700 und 1 000 Metern. Wie eine schillernde Lichterkette schwebt sie beinahe bewegungslos im Wasser.

STAATSQUALLEN

(Siphonophorae) gehören zu den Nesseltieren. Ausgewachsene Tiere bestehen aus Hunderten einzelner Polypen, die wie in einem Staat zusammengefasst sind – daher der Name. Wissenschaftler sehen in diesen Gebilden einen der größten Fortschritte der Evolution. Denn die Tierkolonie aus vielen einzelnen Lebewesen hat die Arbeitsteilung erfunden: Manche Abschnitte sind für Verteidigung zuständig, andere für Beutefang, wieder andere für Fortpflanzung. Außerdem sind die einzelnen Polypen erneuerbar, sodass der ganze Organismus sehr alt werden kann.

Gebannt starren wir in die Schwärze. Bei der Vielfalt funkelnder und schimmernder Kreaturen könnte man annehmen, es gäbe in der Tiefsee immer etwas zu sehen. Doch das Meer ist so riesig, dass sich seine Bewohner weit verstreuen und sich nur dort häufen, wo es reichlich zu fressen gibt. Dazwischen liegen weite leere Gebiete. Und so kann es passieren, dass bei einer Expedition lange Zeit nichts als ein paar vereinzelte Flocken Meeresschnee im Lichtkegel des Tauchboots vorbeitreiben. Wir schweben inzwischen in etwa 1 000 Meter Tiefe. Wie weit reicht wohl das dunkle Meer unter uns? Da, schon wieder ein Licht! Etwas zappelt in der Ferne. Hellblau, nicht sehr groß. Wie ein Pendel schwingt es hin und her. „Scheinwerfer an", kommandiert der Tauchbootpilot. Langsam nähern wir uns …

Im Gruselkabinett

Im Licht unserer Scheinwerfer entdecken wir einen Fisch, der aussieht wie ein kleines Monster: Er ist etwa 30 Zentimeter groß und hat ein schräg gestelltes Maul voller spitzer Zähne. Oben auf dem Kopf trägt er eine lange, gebogene Peitsche mit einer Laterne am Ende. Wir haben einen Anglerfisch vor uns, genauer: den Schwarzangler *Melanocetus*. Wenn sich ein Beutetier, angelockt durch das geheimnisvolle Licht, zu nahe an ihn heranwagt, schnappen seine Fangzähne zu. Glücklicherweise sind wir um einiges größer als er!

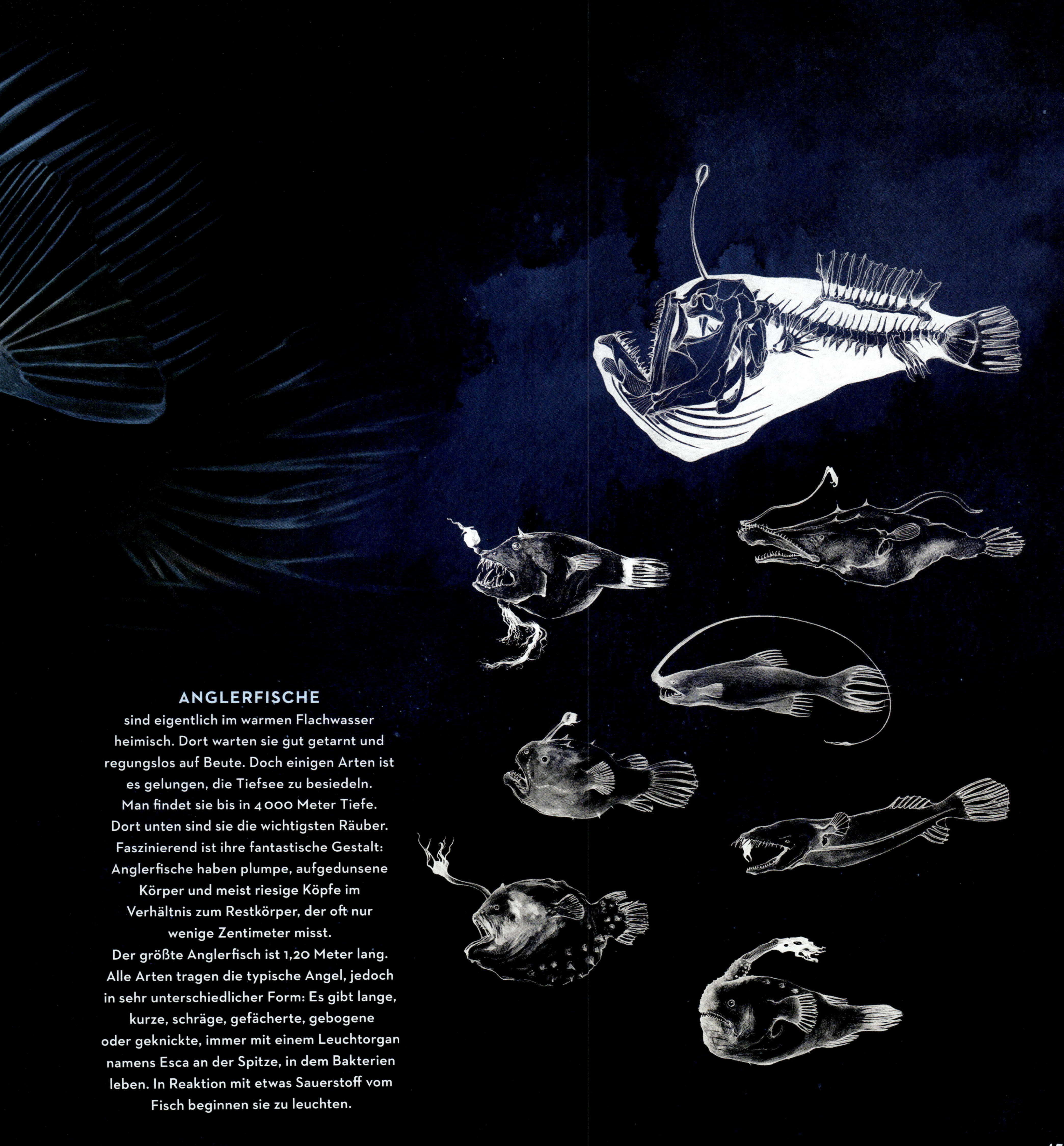

ANGLERFISCHE

sind eigentlich im warmen Flachwasser heimisch. Dort warten sie gut getarnt und regungslos auf Beute. Doch einigen Arten ist es gelungen, die Tiefsee zu besiedeln. Man findet sie bis in 4000 Meter Tiefe. Dort unten sind sie die wichtigsten Räuber. Faszinierend ist ihre fantastische Gestalt: Anglerfische haben plumpe, aufgedunsene Körper und meist riesige Köpfe im Verhältnis zum Restkörper, der oft nur wenige Zentimeter misst. Der größte Anglerfisch ist 1,20 Meter lang. Alle Arten tragen die typische Angel, jedoch in sehr unterschiedlicher Form: Es gibt lange, kurze, schräge, gefächerte, gebogene oder geknickte, immer mit einem Leuchtorgan namens Esca an der Spitze, in dem Bakterien leben. In Reaktion mit etwas Sauerstoff vom Fisch beginnen sie zu leuchten.

Zwar wirken die Tiefseefische wie Gestalten aus einem Gruselkabinett, aber die meisten sind nicht besonders groß. Grund dafür ist der Futtermangel in der Tiefsee: Wer wenig zu fressen hat, kann nicht wachsen. Um zu überleben, müssen die Fische jeden Brocken Nahrung von oben, jedes Beutetier unten nutzen – und haben dafür furchteinflößende Zähne und riesige Mäuler entwickelt.

Auf unserer Weiterfahrt begegnet uns ein sonderbares Paar. Es handelt sich eindeutig um zwei Anglerfische, aber das Männchen ist winzig und hat sich in der Haut des sehr viel größeren Weibchens verbissen. Ein kleiner Kannibale? Nein, im Gegenteil! Die beiden sind in einer besonderen Form der Partnerschaft verbunden, in der das Weibchen beide versorgt. Die Fische bleiben ein Leben lang zusammen. Es ist schwer genug, einander in der Dunkelheit zu finden – da sollte man sich nicht wieder trennen ...

DER ÜBERLEBENSKAMPF
in der nahrungsarmen Tiefe der Ozeane ist hart. Um Beute verschlingen zu können, die größer ist als sie selbst, können viele Tiefseefische ihr Maul sehr weit aufsperren. Selbst ihre Mägen sind dehnbar, um wirklich jeden Bissen verdauen zu können.

SEXUALPARASITISMUS
nennt man diese Art der Lebensgemeinschaft. Das angellose Zwergmännchen beißt sich in der Haut des Weibchens fest und verwächst nach kurzer Zeit mit dem Blutkreislauf der Partnerin. Das Weibchen jagt fortan für zwei und erhält im Gegenzug eine dauerhafte Samenbank. So sichern Anglerfische das Überleben ihrer Art.

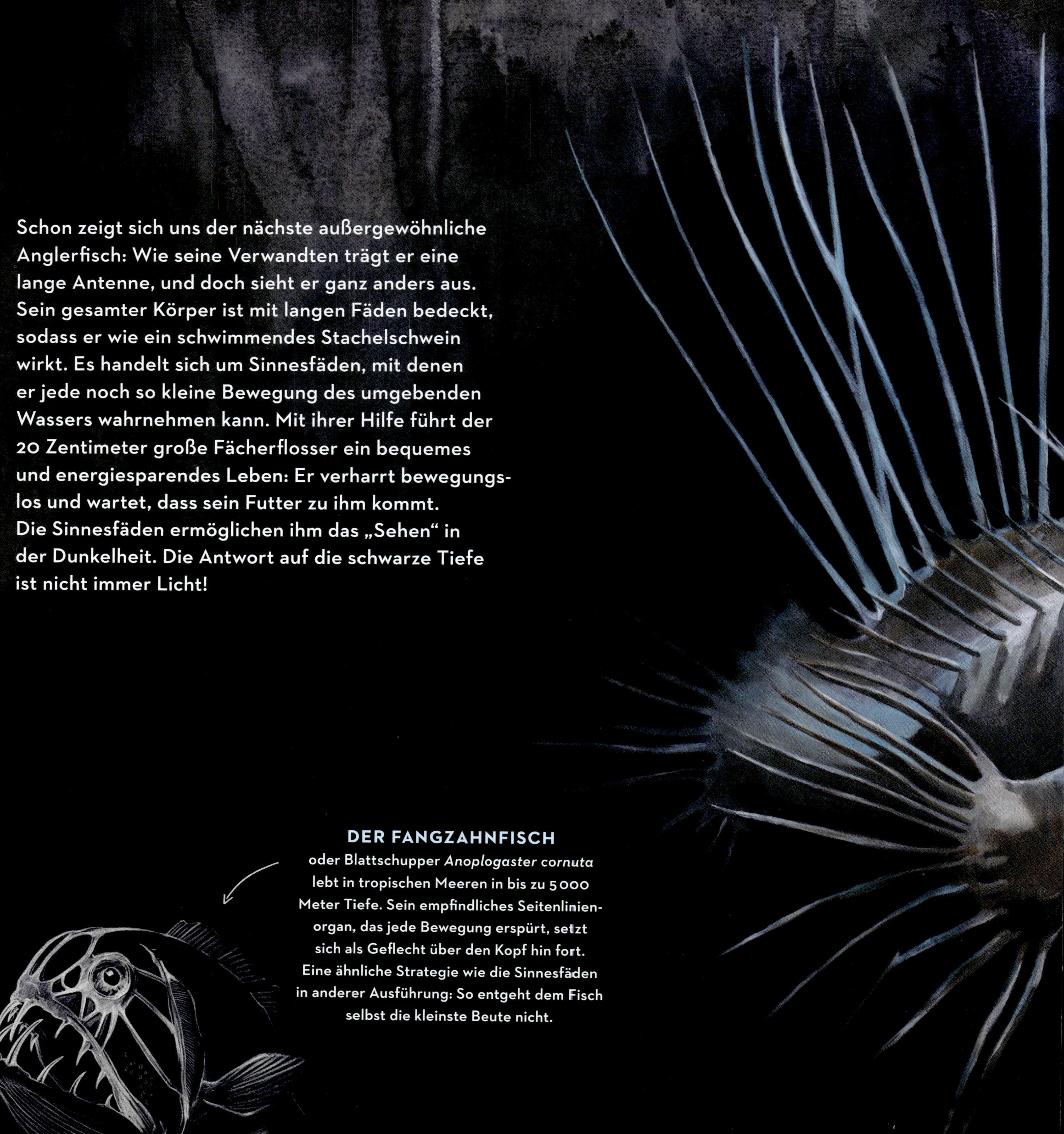

Schon zeigt sich uns der nächste außergewöhnliche Anglerfisch: Wie seine Verwandten trägt er eine lange Antenne, und doch sieht er ganz anders aus. Sein gesamter Körper ist mit langen Fäden bedeckt, sodass er wie ein schwimmendes Stachelschwein wirkt. Es handelt sich um Sinnesfäden, mit denen er jede noch so kleine Bewegung des umgebenden Wassers wahrnehmen kann. Mit ihrer Hilfe führt der 20 Zentimeter große Fächerflosser ein bequemes und energiesparendes Leben: Er verharrt bewegungslos und wartet, dass sein Futter zu ihm kommt. Die Sinnesfäden ermöglichen ihm das „Sehen" in der Dunkelheit. Die Antwort auf die schwarze Tiefe ist nicht immer Licht!

DER FANGZAHNFISCH

oder Blattschupper *Anoplogaster cornuta* lebt in tropischen Meeren in bis zu 5000 Meter Tiefe. Sein empfindliches Seitenlinienorgan, das jede Bewegung erspürt, setzt sich als Geflecht über den Kopf hin fort. Eine ähnliche Strategie wie die Sinnesfäden in anderer Ausführung: So entgeht dem Fisch selbst die kleinste Beute nicht.

DIE STRATEGIEN einiger Tiere, um sich in der Finsternis zurechtzufinden, sind wahrlich erstaunlich. Dieser Anglerfisch namens *Caulophryne polynema* wurde 1930 entdeckt. Sein lateinischer Namen beschreibt ihn genau: „polynema" heißt „vielfädig". Die Sinnesfäden erfassen nicht nur Bewegungen, sondern auch elektromagnetische Wellen. An der Oberfläche lebende Fische würden mit einem so feinfühligen Sinnesapparat vermutlich von den Wellen seekrank werden.

Verwirrspiel mit Licht

Die Räuber der Tiefsee wenden bei der Jagd alle erdenklichen Täuschungsmanöver an, um ihre Beute in die Falle zu locken. Es braucht also raffinierte Tricks, um den gefräßigen Mäulern zu entkommen. Auch die Beutetiere der Tiefsee setzen im Kampf ums Überleben auf Lichteffekte. Diese Tiefseegarnele verwirrt Angreifer mit einer Wolke aus explodierendem Licht. Blitzschnell katapultiert sich die Garnele im Augenblick der Explosion nach hinten.
Das plötzliche Aufleuchten und zeitgleiche Verschwinden der erwarteten Beute macht das Verwirrspiel perfekt.

DER SCHWARZE DRACHENFISCH
Idiacanthus fasciola besitzt wie die Anglerfische eine kleine Laterne zum Anlocken seiner Beute. Wie ein Wurm baumelt sie unterhalb des mit spitzen Zähnen besetzten Mauls, das den nächsten Leckerbissen erwartet. Die weiblichen Drachenfische werden bis zu einem halben Meter lang, die Männchen sind auch bei dieser Art um ein Vielfaches kleiner.

DER RUDERFUSSKREBS

Metridia longa ist winzig, aber nutzt die gleiche Taktik wie die Tiefseegarnele. Der zwei bis drei Millimeter kleine Krebs lebt in ungeheuren Mengen in arktischen Gewässern. Er ist fast durchsichtig und ernährt sich von Phytoplankton. Er selbst ist ein willkommenes Futter für Kleinfische. Doch der Winzling hat eine schlaue Strategie entwickelt, um Fressfeinden zu entgehen: Er stößt eine Lichtwolke aus, die zeitverzögert aufleuchtet. Der irritierte Fisch schnappt nach Licht statt nach der Beute, während der Krebs längst in die andere Richtung geflohen ist.

Was zur Hölle schwimmt uns hier entgegen? Dem Namen nach handelt es sich tatsächlich um einen „Vampirtintenfisch aus der Hölle" – so lautet die wörtliche Übersetzung seiner wissenschaftlichen Bezeichnung *Vampyroteuthis infernalis*. Hinter dem teuflischen Namen verbirgt sich allerdings ein nur 30 Zentimeter großes Tier, leuchtend rostrot, mit riesigen blauen Augen. Wie Draculas Mantel spannen sich zwischen seinen Tentakeln die Schwimmhäute zu einem umgedrehten Regenschirm auf. Fast regungslos treibt der faszinierende Vampirtintenfisch waagerecht mit der sanften Strömung im Wasser.

Als wir ihn mit einer Antenne des Tauchboots berühren, stößt er eine helle Lichtwolke aus. Langsam schwebt sie davon und leuchtet noch zehn Minuten später in der Nähe. Sie soll wahrscheinlich Feinde ablenken, zu denen in dieser Zone jagende Thunfische und Haie gehören.

MIT SEINEM SCHIRM

sammelt *Vampyroteuthis* alles ein, was ihm im Wasser entgegen schwebt: Abgestorbene Fischteile, Krebsreste, Eier, Salpen und Plankton. Ein Tintenfisch, der nur Reste verwertet, ist ungewöhnlich. Ebenso wie die grüne Farbe zwischen seinen acht Tentakeln: Sie verdankt sich Hämocyanin, einem besonderen Farbstoff im Blut des Tiers. Hämocyanin gewinnt mehr Sauerstoff aus dem Tiefseewasser als roter Blutfarbstoff. Nur deshalb kann der Kopffüßer in den sauerstoffarmen Regionen der Tiefsee überleben. Da das Sauerstoff produzierende Phytoplankton nicht bis hier unten gelangt, ist er überaus knapp. Daher schwebt *Vampyroteuthis* die meiste Zeit auf der Stelle – im Energiesparmodus.

BEI GEFAHR

setzt der Vampirtintenfisch auf Rückzug und Verwirrung. Er ist ein Meister der Licht-Irritation. Mit den Leuchtorganen am Ende seiner acht Tentakel vollführt er ein elegantes Wasserballett aus Lichtpunkten. Zwei weitere Leuchtorgane am Hinterleib sind mit Lidern verschließbar: Indem er sie weiter öffnet oder schließt, wirkt es für seine Feinde so, als würde er näherkommen oder sich entfernen – ohne dass er sich tatsächlich bewegt.

WIE EIN IGEL

schützt sich der kleine Vampir, wenn eine Flucht nicht möglich ist: Sein Umhang lässt sich komplett umstülpen, sodass der ganze Körper unter dem Schirm verschwindet. Dabei kommen an der Unterseite seiner Tentakel Stacheln zum Vorschein. Sie sind allerdings nicht hart und spitz, sondern weich und beweglich: Beim Fressen dienen sie zum Transport für Meeresschnee.

Tarnfarbe Rot

Plötzlich dreht sich vor dem U-Boot-Fenster ein wild gewordenes Rad, das abwechselnd blau und weiß blinkt – wie ein stummes Polizeilicht. Mit immer schnelleren Umdrehungen macht es sich auf und davon. So sieht eine Atolla-Qualle im Alarm-Modus aus. Ihre Biolumineszenz ist eine der spektakulärsten in der Tiefsee und ihr blinkendes Leuchten noch aus weiter Ferne zu sehen.

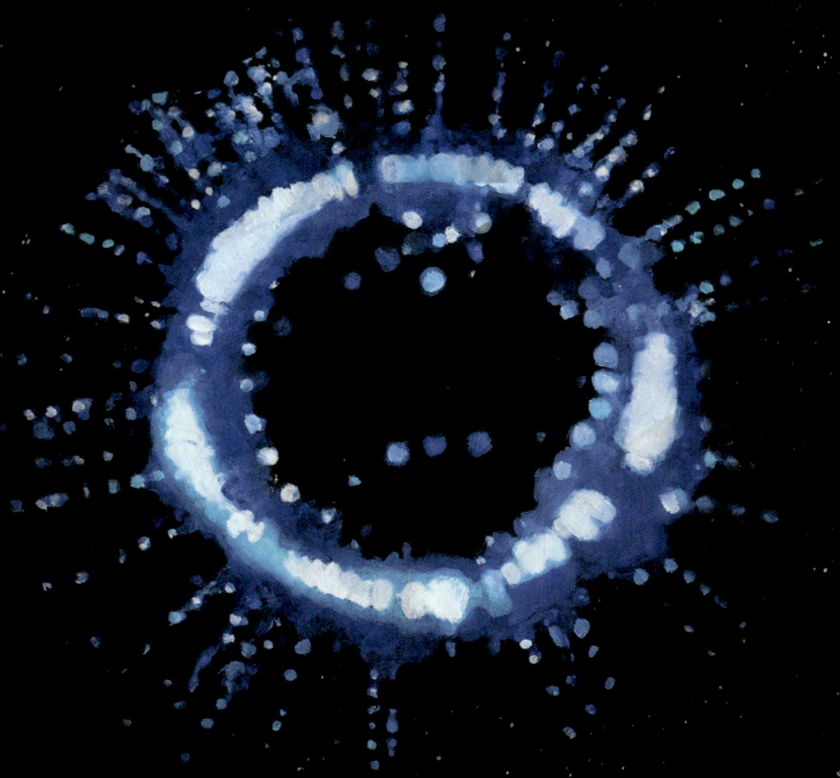

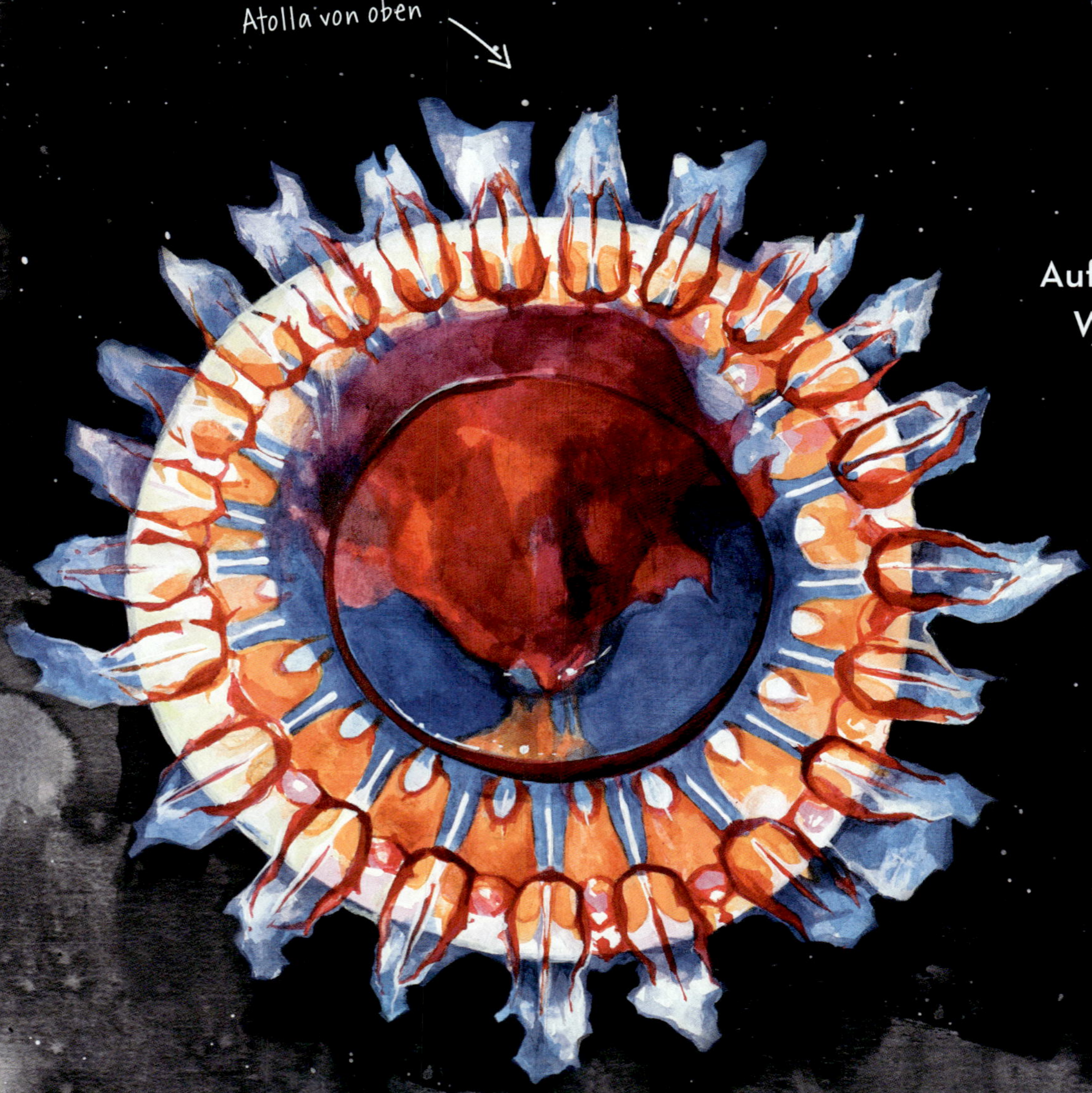

Atolla von oben

Auf einmal schaltet Atolla um auf Rot. Wir sehen die Signalfarbe noch lange nachleuchten, bis sie in der Dunkelheit verschwindet. Dient das Rot zur Abschreckung? Nein, denn hier unten bedeutet Rotlicht Versteckllicht: Die meisten Tiere der Tiefsee haben keine Sinnesorgane für rotes Licht entwickelt, da Rot in der Tiefe nicht vorkommt. Dieser Anteil des Sonnenlichts wird ja schon nach wenigen Metern unter der Oberfläche verschluckt. Blaulicht zum Anlocken, Rotlicht zum Verstecken – die Tiefsee hat ihre eigenen Regeln!

ATOLLA WYVILLEI
gehört zu den Tiefsee-Kronenquallen. Sie ist in beinahe allen Weltmeeren heimisch und lebt in Tiefen von mehr als 3 000 Metern. Ihre Glocke erreicht etwa 17 Zentimeter Durchmesser, und sie besitzt einen längeren Fangarm, mit dem sie ihre Beute lähmt. Ihre spektakuläre Lichtshow hat ihr den Spitznamen „Alarm-Qualle" eingebracht. Überraschend für alle Biologen setzt Atolla bei Bedrohung auf Blinklicht statt auf Tarnung. Man vermutet, dass sie auf diese Art möglichst große Jäger anzulocken versucht, damit diese ihren Angreifer fressen, während sie sich selbst in Sicherheit bringt.

Atolla ist nicht das einzige Tier, das sich mit Hilfe der Farbe Rot für die meisten Augen unsichtbar macht. Ein roter Tarnmantel hat sich offenbar bewährt. Sehr viele Tiefsee-bewohner verstecken sich auf diese Weise.

DER DUMBO-OKTOPUS

Grimpoteuthis hat Forschern bislang noch nicht viel von sich preisgegeben. Die Tiere haben große Flossen, die über dem Auge vom Mantel abstehen. Der größte bisher entdeckte Tiefsee-Dumbo war 1,80 Meter lang und wog 5,9 Kilogramm.

DER LEUCHTKRAKEN

Stauroteuthis syrtensis lebt in Tiefen von 500 bis 4000 Metern. Er hat eine Mantellänge von gerade einmal acht Zentimetern. An den Unterseiten seiner Fangarme befinden sich je bis zu 65 Saugnäpfe, die blaugrüne Biolumineszenz erzeugen und mit ihrem Leuchten winzige Fische als Beute anlocken. Mit ihren hoch entwickelten Linsenaugen können diese Kopffüßer sogar Farben unterscheiden.

DIE JAPANISCHE RIESENKRABBE

Macrocheira kaempferi ist die größte Krebsart der Welt. Von Bein zu Bein kann sie 3,70 Meter lang werden. Ihre Larven sind jedoch kleiner als ein Fingernagel.

DER GROSSFLOSSEN-TINTENFISCH

Magnapinna atlantica wurde erstmals 1988 zufällig von einem Tauchroboter in der Tiefsee vor Brasilien gefilmt.

ALLES IN ROT

Wie kann es sein, dass so viele verschiedene Tiere die Farbe Rot tragen, obwohl sie nicht miteinander verwandt sind? Ähnliche Lebensumstände führen in der Anpassung unabhängig voneinander manchmal zu gleichen Lösungen. Dieses Phänomen der Evolution bezeichnet man als Konvergenz.

Die roten Meerestiere wiegen sich in Sicherheit. Noch ahnen sie nicht, dass sie beobachtet werden …

Der Raubfisch *Malacosteus niger* kann im Gegensatz zu den meisten anderen Tiefseebewohnern Rot wahrnehmen und sich wie mit einem Nachtsichtgerät der ahnungslosen Beute nähern. Ein auffälliges Leuchtorgan unterhalb seiner Augen dient ihm vermutlich als Scheinwerfer. Vielleicht wird sein Rotlicht aber auch zur Verständigung mit Artgenossen genutzt oder zur Partnersuche eingesetzt. Kommunikation in Geheimsprache sozusagen!

MALACOSTEUS NIGER
stammt aus der Familie der Barten-Drachenfische und lebt weltweit zwischen 500 und 4 000 Metern unter dem Meer. Er kann eine Länge von 25 Zentimetern erreichen. Er verfügt über große Fangzähne am Unterkiefer und sehr kleine am Oberkiefer. Ein Maul, dem man nicht im Dunkeln begegnen möchte …

Wunderbar, unsichtbar

Was also tun, wenn die rote Farbe zum Verstecken nicht ausreicht? Wie verbirgt man sich in einer endlosen Weite ohne einen einzigen Unterschlupf? Durchsichtig wie eine Fensterscheibe müsste man sein! In der Tiefsee ist alles möglich: Der Glaskalmar *Vitreledonella* ist nur elf Zentimeter groß und sieht mit seinem gänzlich durchsichtigen Körper unheimlich zerbrechlich aus. Schwerelos schwebt der Tintenfisch durch den Scheinwerferstrahl unseres Bootes. Ein zartes Leuchten geht von seiner Mantelhöhle aus.

DAS SCHWACHE GLIMMEN soll jeden Schatten verschleiern, den der fast durchsichtige Körper werfen könnte, wenn er von einem Raubfisch mit Leuchtorganen angestrahlt wird. Damit seine Nachkommen nicht verloren gehen, brütet das Tier seine Eier in der Mantelhöhle aus und entlässt schließlich fast fertige kleine Glaskalmare ins Meer. Ein lebendgebärender Tintenfisch ist eine Besonderheit, normalerweise legen die Tiere Eier.

DIE NATUR
bringt unendlich vielfältige und erfinderische Formen hervor. Dennoch kommt einem die eine oder andere erstaunlich bekannt vor … Dieser niedliche Ferkelkalmar *Helicocranchia pfefferi* wird etwa zehn Zentimeter groß und hat einen Namensvetter an Land.

DER KAKADU-KALMAR
Galiteuthis phyllura ist auch fast komplett durchsichtig. Nur seine Augen und Fangarme sind rötlich gefärbt und daher für die meisten Jäger ebenfalls unsichtbar. Über den Körper verteilt befinden sich Farbzellen, sogenannte Chromatophoren. Seine Tentakel trägt er beim Schwimmen meist aufgestellt über dem Kopf, was ihm seinen Namen eingebracht hat.

Mit einem beinahe vollständig transparenten Körper hat die Qualle die Unsichtbarkeit optimiert. Wie schwerelos gleitet sie durch das Wasser und ist kaum von ihrer Umgebung zu unterscheiden. Aber wehe, die Transparenz ist nicht vollkommen! Selbst hier unten, wo nur noch ein geringes Restlicht der Sonne hingelangt, versuchen Jäger mit angepassten Augen die Umrisse ihrer lichtundurchlässigen Körperteile im Gegenlicht zu erspähen. Der Blick aus der Tiefe zum Himmel macht sie in der Dämmerlichtzone zu Figuren in einem Schattentheater.

PERFEKT GETARNT

würde man meinen. Aber was macht die Qualle, wenn sie hungrig wird? Wie jedes andere Lebewesen muss sie fressen. Und das, was die Qualle – oder andere transparente Tarnungskünstler – zu sich nimmt, ist in den meisten Fällen nicht durchsichtig. Die Nahrung wandert gut sichtbar in den Verdauungstrakt, der spätestens im gefüllten Zustand seine Unsichtbarkeit verliert. Es hilft ein Trick, den wir schon vom Versteckspiel der leuchtenden Atolla kennen: Der Verdauungstrakt wird kurzerhand rot eingefärbt und ist in der Tiefe des Meeres nicht mehr zu sehen.

Jagd im Gegenlicht

DER GESPENSTERFISCH hat den lateinischen Namen *Macropinna microstoma*. Seine durchsichtige Schutzhülle über den Augen entdeckte man erst, als es gelang, ihn lebendig zu filmen. Beim Transport des Tiers an die Oberfläche war diese Hülle zuvor immer zerstört worden.

Jede Schwachstelle in Tarnung und Verteidigung wird gnadenlos ausgenutzt. Während wir Menschen in der Dunkelheit des Mesopelagials nur Schwärze sehen, entgeht den Jägern der Dämmerlichtzone zwischen 200 und 1 000 Metern Tiefe kein noch so kleiner Schatten. Dieser gespenstisch aussehende Fisch ist auf die Jagd im Gegenlicht spezialisiert: Sein Kopf sieht aus wie die Glaskuppel eines Unterseeboots – ein kleines Cockpit, das ihm den Namen „Glaskopffisch" eingebracht hat. Die großen Augen rollen und rotieren unentwegt um die eigene Achse, wodurch er in alle Richtungen sehen kann, auch nach oben. Diese Fähigkeit wiederum führte zum Spitznamen „Hochgucker".

DER SCHMUCKKALMAR

Stigmatoteuthis arcturi lebt ebenfalls im Mesopelagial. Über und unter ihm herrschen völlig verschiedene Lichtverhältnisse. Für welche soll er sich ausrüsten? Der Tintenfisch geht auf Nummer sicher: Er hat zwei verschiedene Augen. Das große Auge sieht im 45 Grad-Winkel nach oben und ortet im Gegenlicht Feinde und Beutetiere mit einer erstaunlichen Sehschärfe. Das kleine Auge sieht nach unten und sucht dort Lichtpunkte und Bewegungen. Mit diesem Auge durchdringt der Tintenfisch die absolute Dunkelheit der Tiefsee – und erkennt auch den Partner von Weitem an dessen besonderen Lichtblitzen.

Über uns schwimmt ein Schwarm Beilfische. Eigentlich müssten angepasste Augen ihre Umrisse deutlich im Gegenlicht erkennen. Aber sie sehen nichts! Die Beilfische sind so gut wie unsichtbar. Ihr Geheimnis sind kleine Leuchtorgane an der Bauchunterseite, mit denen sie das einfallende Sonnenlicht nachahmen. Schaut ein hungriger Räuber nach oben in den Fischschwarm, sieht er nur Helligkeit. Weiter nichts. Keine Schatten, keine Bewegung, keine Beute. Und dennoch sind die Beilfische in Gefahr …

MENSCHLICHE AUGEN

haben sich im Laufe der Evolution als Sehorgane des Tageslichts und der Dämmerung entwickelt. Tagsüber sehen wir Farben, nachts nur graue Schatten und bei völliger Dunkelheit gar nichts mehr. Die Tiere der Tiefsee hingegen können mit Hilfe von Restlichtverstärkern noch kleinste Lichtmengen wahrnehmen. Aber bei dieser Art der Tarnung nützen die besten Augen nichts: Gegenillumination nennt man den Trick der Beilfische. Ihre Leuchtorgane, die sogenannten Photophoren, heißen übersetzt „Lichtträger“. Sie strahlen genau die gleiche Lichtstärke ab, die von der Oberfläche einfällt – eine biologische Sensation!

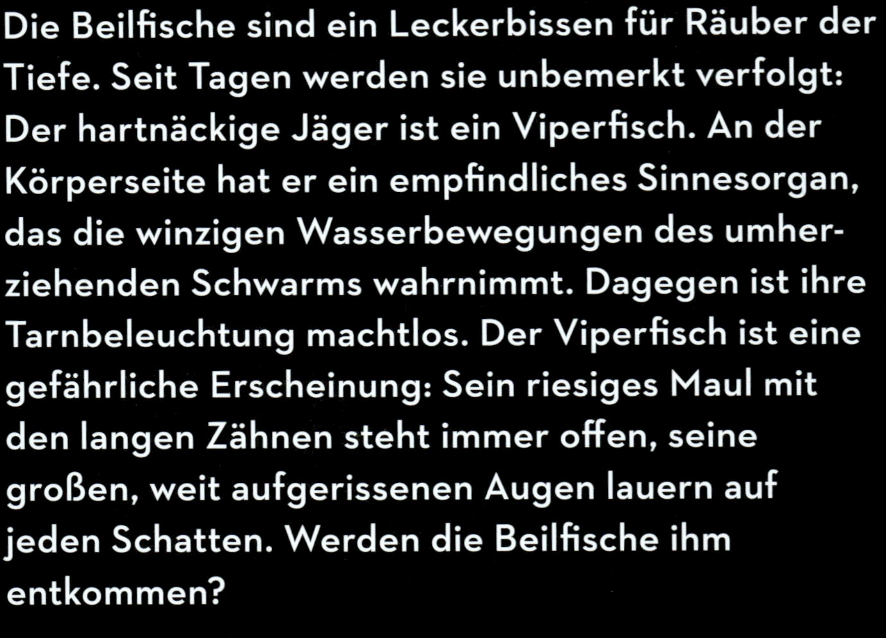

Die Beilfische sind ein Leckerbissen für Räuber der Tiefe. Seit Tagen werden sie unbemerkt verfolgt: Der hartnäckige Jäger ist ein Viperfisch. An der Körperseite hat er ein empfindliches Sinnesorgan, das die winzigen Wasserbewegungen des umherziehenden Schwarms wahrnimmt. Dagegen ist ihre Tarnbeleuchtung machtlos. Der Viperfisch ist eine gefährliche Erscheinung: Sein riesiges Maul mit den langen Zähnen steht immer offen, seine großen, weit aufgerissenen Augen lauern auf jeden Schatten. Werden die Beilfische ihm entkommen?

DIE TIEFSEE-BEILFISCHE

Sternoptychidae, von griechisch „sternon“ für Brust und „ptyxychos“ für Falte, gehören zu den Maulstachlern und sind im Atlantik, Pazifik und dem Indischen Ozean heimisch. Sie werden zwei bis vierzehn Zentimeter lang. Sie sehen von vorne nicht weniger gruselig aus als der Viperfisch!

In Lebensgröße ist der Beilfisch nur halb so gespenstisch.

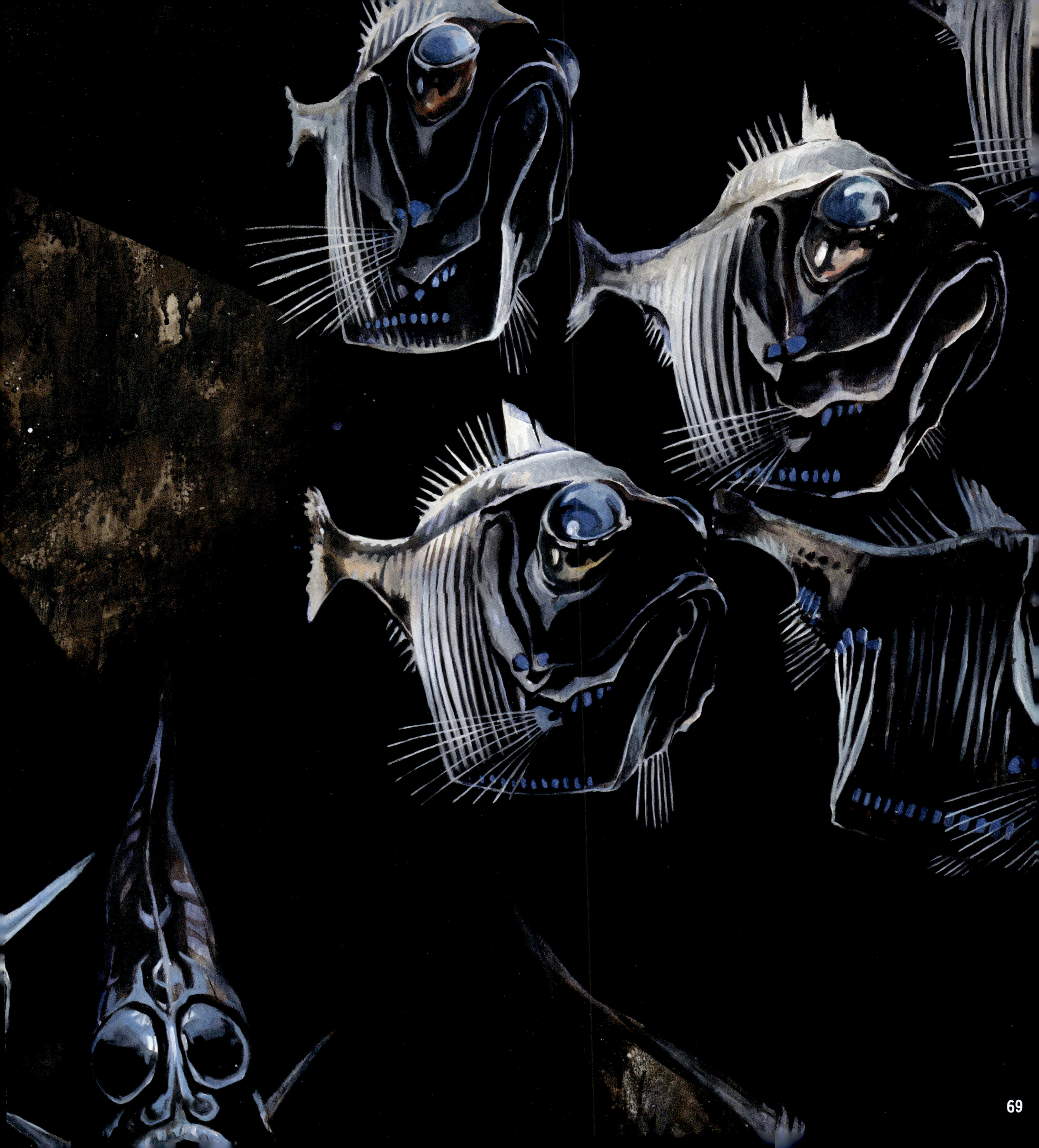

DER VIPERFISCH besitzt neben seinen Suchscheinwerfern eine Angel mit kleiner Laterne, um Beute anzulocken.

Kurz bevor seine messerscharfen Zähne zuschnappen, geht plötzlich das Licht an – der Viperfisch hat eine Taschenlampe dabei! Rings um seine Augen sitzen Leuchtorgane mit Leuchtbakterien, die er über kleine Drüsen mit Sauerstoff versorgen kann, damit ihr helles, gelbliches Licht zu leuchten beginnt. Wird die Sauerstoffzufuhr gestoppt, geht das Licht plötzlich wieder aus: Räuber und Beute befinden sich wieder im Dunkeln. Doch auch auf den genialen Trick mit der Taschenlampe haben die Beilfische eine Antwort gefunden: Mit der Zeit wurden sie immer schmaler, um dem Lichtstrahl zu entgehen. Außerdem werfen ihre Flanken das Licht wie Spiegel zurück. Dem Räuber bleibt nur der Angriff von vorne oder von hinten, von wo die Umrisse des Beilfischs trotz seiner schlanken Form deutlich erkennbar sind.

JÄGER stoßen in den finsteren Weiten des Ozeans nur selten auf ein solches Festmahl, daher nimmt der Viperfisch auch eine tagelange Verfolgung in Kauf. Aber ein solch kräftezehrendes Vorhaben muss sich lohnen: Die spitzen Zähne in seinem Unterkiefer ragen ein ganzes Stück über den Oberkiefer hinaus und verhindern, dass sein Opfer entkommen kann. Sie sind so lang, dass er sein Maul nicht einmal richtig schließen kann. Dafür kann er beim Beutefang wie eine Schlange den Unterkiefer ausrenken – deshalb heißt er Viperfisch. Die Beute wird am Stück in den dehnbaren Schlund befördert.

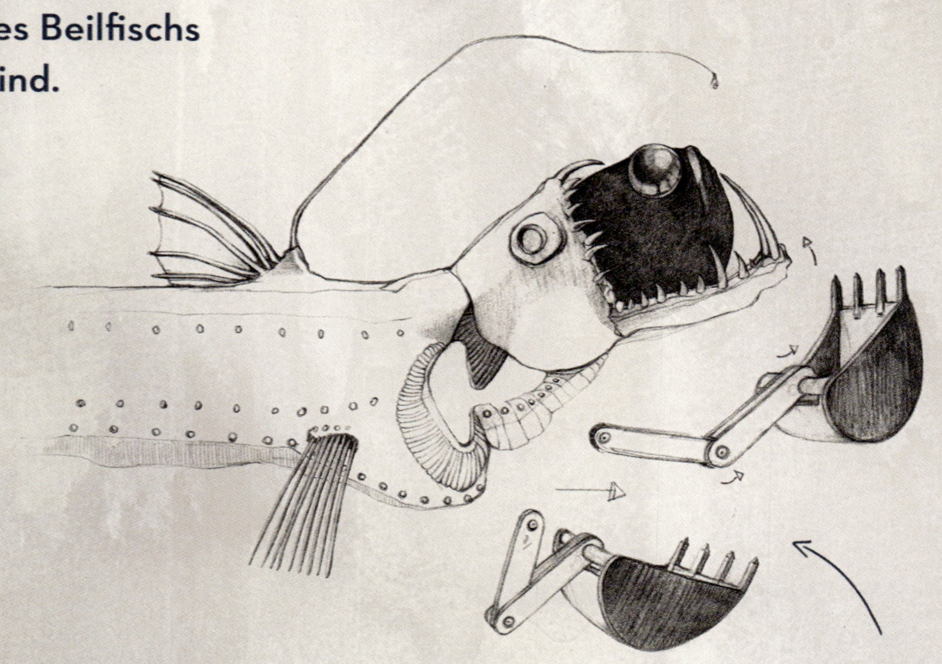

Ein Maul für den großen Hunger

Leben unter Druck

Nach so vielen Gruselgestalten genießen wir den friedlichen Anblick einer Qualle, die mit gleichmäßigen Wellenbewegungen ihrer Glocke vorbeigleitet. Langsam verglimmt ihr magisches Lichtspiel in der Ferne. So viel lautlose Anmut lässt uns fast die Tonnen an Wasser über der Kuppel des Tauchboots vergessen. Wie ist es bloß möglich, dass ein so zartes Wesen diesem Wasserdruck so mühelos standhält? Die Antwort ist überraschend einfach: Quallen bestehen zu 98 Prozent aus Wasser, das nicht zusammengedrückt werden kann. Druck wirkt nur auf luftgefüllte Zellen – und solche haben die Tiefseetiere nicht. Je weiter wir sinken, desto stärker lastet der Druck der Wassermassen auf dem ächzenden Boot. Als wir die Dämmerzone verlassen, befinden wir uns in 2000 Meter Tiefe. Hier beträgt der Wasserdruck etwa 196.1 bar, die meisten Bewohner der oberen Wasserschichten könnten hier nicht überleben.

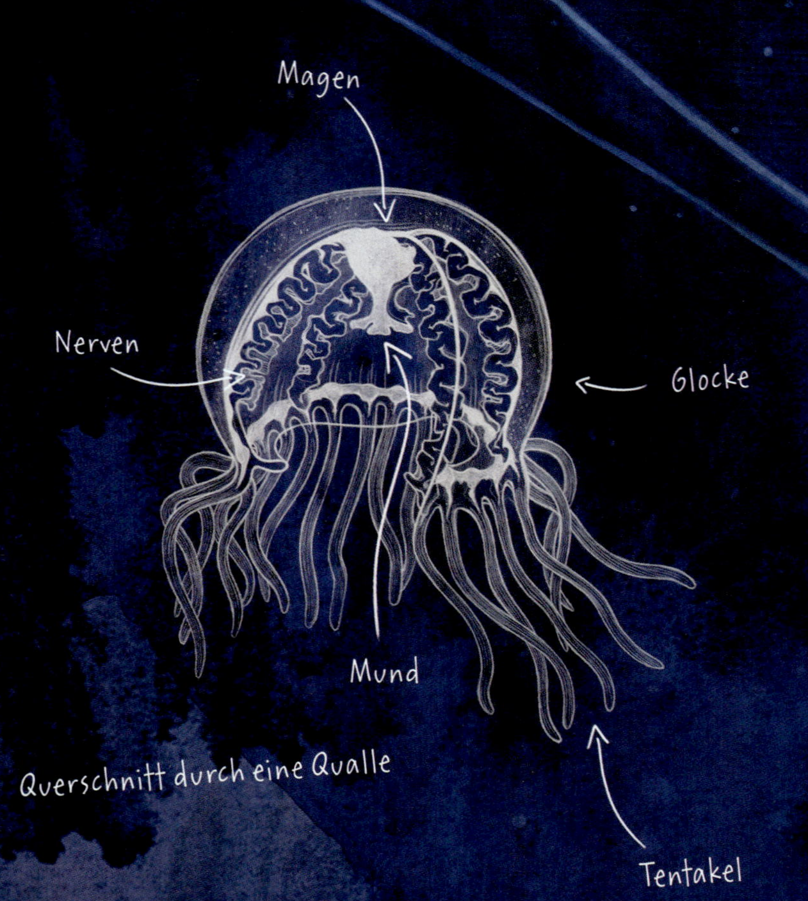

Querschnitt durch eine Qualle

LUFTKAMMERN

verhindern bei vielen Tieren, die an der Wasseroberfläche heimisch sind, das Absinken. Ein Beispiel sind die Schwimmblasen zahlreicher Fischarten: Indem Luft in die Schwimmblase gepumpt wird, steigt der Fisch im Wasser auf. Auch Flossenbewegungen können die Schwimmtiefe steuern. Da sich aber der Druck in der Tiefe auf luftgefüllte Gefäße auswirkt, brauchen Tiefseebewohner eine andere Strategie: Sie nutzen Öl als Aufstiegshilfe, da Öl leichter ist als Wasser und deshalb nach oben steigt – wie Fettaugen auf der Suppe. Und: Flüssigkeiten kann der Druck nichts anhaben.

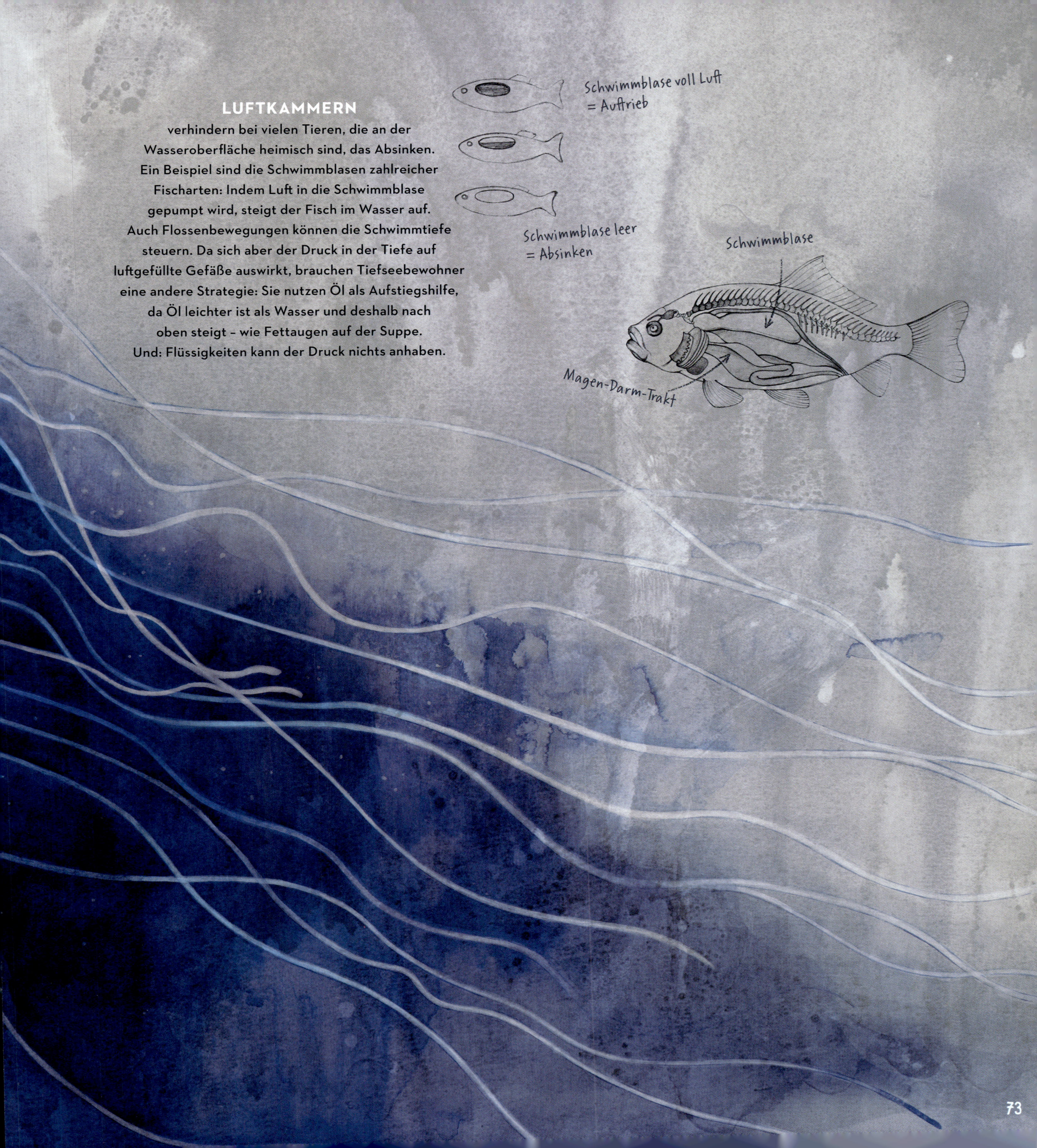

Säugetiere der Tiefsee

Unsere Reise hat uns inzwischen fast 3000 Meter in die Tiefe geführt, als wir ihn sehen: einen Pottwal.
19 Meter lang, 50 Tonnen schwer, ein unglaublicher Anblick! Pottwale sind Säugetiere. Sie atmen wie wir Menschen mit einer Lunge und müssen Sauerstoff an der Wasseroberfläche aufnehmen. Trotzdem treffen wir ein Exemplar hier unten in der Tiefsee, deren Bewohner in der Regel unabhängig von frischer Luft leben. Kann der Wal etwa unter Wasser atmen? Oder hält er die Luft an? Weder noch!
Bevor der Pottwal abtaucht, atmet er noch einmal kräftig aus. Dann stürzt er sich senkrecht in die Tiefe. Seine Lunge muss luftleer sein, da der gewaltige Wasserdruck sie sonst wie ein Taschentuch zusammenfalten würde. Für alle übrigen Organe ist der Druck kein Problem, da sie mit Flüssigkeit gefüllt sind. Und Flüssigkeiten können nicht zusammengedrückt werden. Der Pottwal ist eins der wenigen Säugetiere der Erde, das in die Tiefsee tauchen kann. Bis zu 3000 Meter tief. Der Weg hinab kostet ihn ungefähr 30 Minuten. Zieht man die gleiche Zeit für den Rückweg ab, bleibt ihm noch eine halbe Stunde. Ein solcher Tauchgang kostet viel Kraft und ist nicht ungefährlich. Was macht der Wal hier unten? Wir wissen, dass er Riesenkalmare und andere Tintenfische der Tiefsee jagt, da man die Mageninhalte gestrandeter Pottwale untersucht hat. Ein ausgewachsener Pottwal benötigt 1,5 Tonnen Nahrung am Tag. Vermutlich sind Riesenkalmare derart nahrhaft, dass sich die risikoreiche Jagd lohnt.

DER ROTE MUSKELFARBSTOFF

Myoglobin sorgt dafür, dass der Wal in der Tiefe mit genügend Sauerstoff versorgt ist. Er speichert Sauerstoff-Moleküle genau dort, wo sie gebraucht werden: im Blut und in den Muskelfasern. So kann der Wal ohne Luft zu holen 90 Minuten unter Wasser bleiben. Statt einer Nase besitzt er ein fest verschließbares Blasloch oben auf dem Kopf.

Sehen mit Schall

Fast lautlos gleitet der Pottwal in die Tiefe. Stockfinster ist es dort unten. Wie kann sich ein Tier, das an Tageslicht gewöhnt ist, in solcher Dunkelheit zurechtfinden? Seine Augen sind hier nutzlos. Das Zauberwort heißt Schall. Der Pottwal orientiert sich ähnlich wie eine Fledermaus: Er erzeugt Laute, die eine hohe Reichweite haben. Sobald sie auf Widerstand treffen – zum Beispiel ein Beutetier –, werden die ausgesendeten Schallwellen zurückgeworfen. Das Echo verrät dem Wal Größe und Entfernung der Dinge in seiner Umgebung. Die wissenschaftliche Bezeichnung für einen Pottwal lautet *Physeter macrocephalus*. „Makros" heißt im Griechischen „groß", „kephalos" bedeutet „Kopf". Er heißt also „Dickkopf" – und das ist er auch. Der Kopf bildet ein Drittel des gesamten Körpers. In seinem Inneren liegen zwei sehr große Fettkörper namens Spermaceti-Organ. Ihre genaue Aufgabe kennen wir noch nicht, man vermutet aber, dass es sich um eine sehr wirkungsvolle „Schallkanone" handelt. Mit ihrer Hilfe geht der Pottwal in der Tiefe auf Jagd nach Riesentintenfischen. Da sich die bis zu zwölf Meter lange Beute in den Weiten des Ozeans versteckt hält, muss der Wal einen sehr starken Schall aussenden, der große Entfernungen überbrückt. Wird ein Tintenfisch von diesem „Schallschuss" getroffen, ist er fast wehrlos. Wegschwimmen kann er nicht mehr …

KLICKLAUTE

werden im Kopf des Pottwals erzeugt. Genauer mit den sogenannten „Monkey-Lips" (Affenlippen). Die Nasengänge des Pottwals verlaufen unterschiedlich. Der linke mündet im Blasloch an der Oberseite des Kopfes. Der rechte läuft in der Kopfmitte nach vorne und endet in einem Luftsack, der wie eine Affenschnauze aussieht. Mit den „Affenlippen" erzeugt der Wal Klicklaute und schickt sie dann nicht nach vorn Richtung Maul, wie man vermuten würde, sondern nach hinten in die Hirnwanne seines Schädels hinein.

KLICK

KLICK

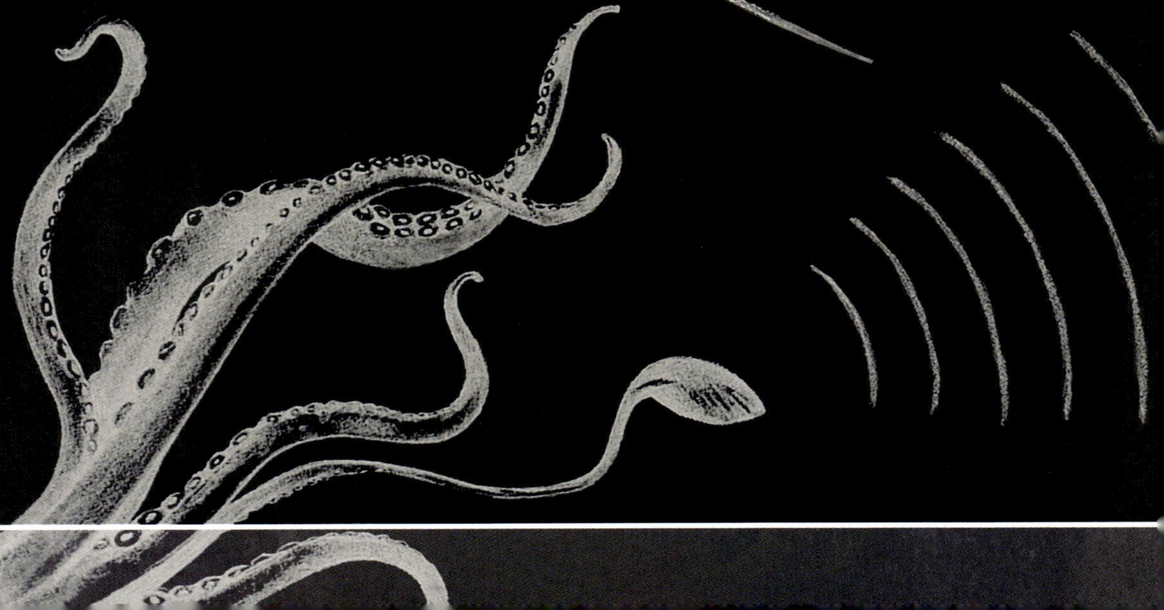

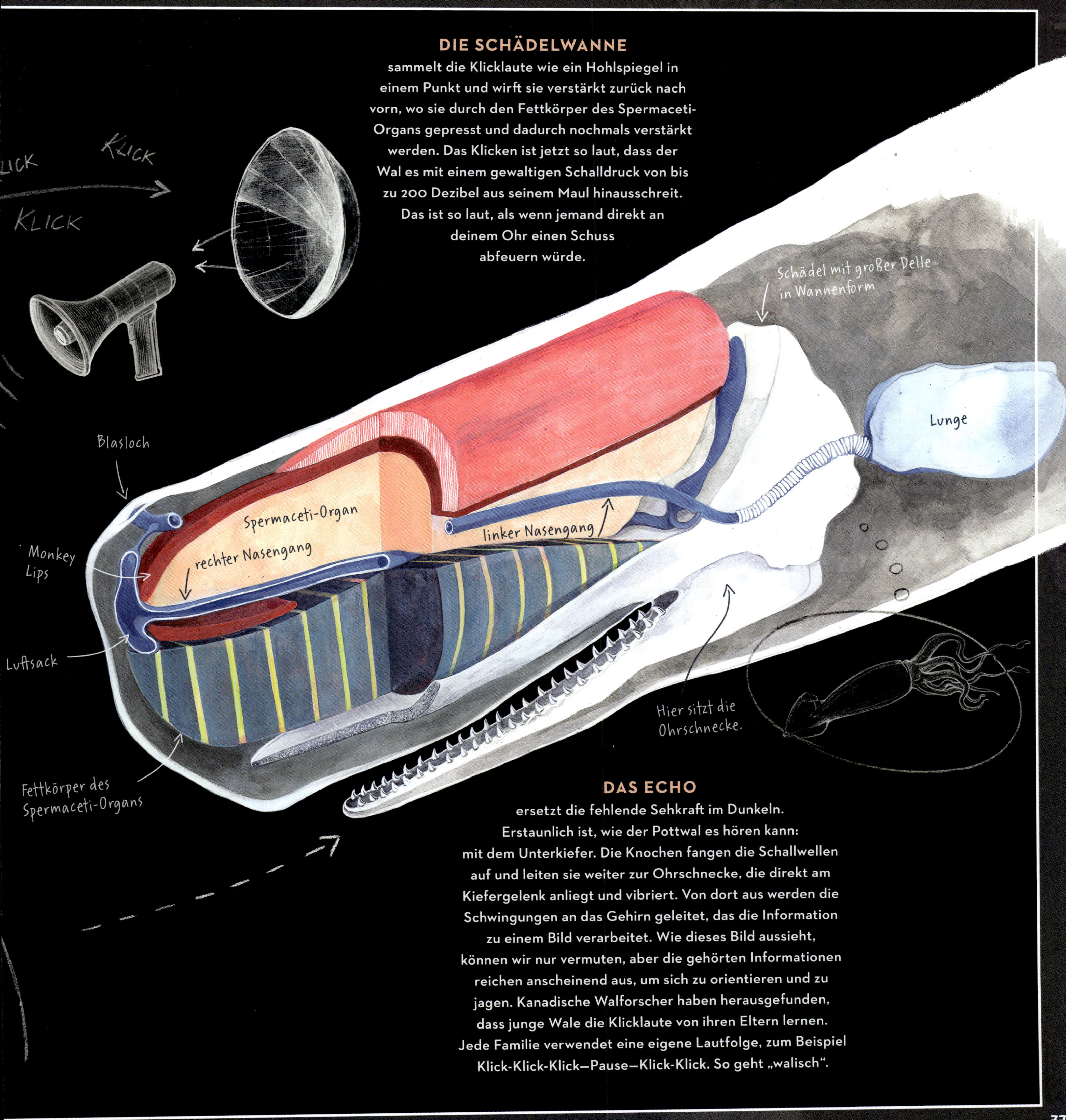

DIE SCHÄDELWANNE

sammelt die Klicklaute wie ein Hohlspiegel in einem Punkt und wirft sie verstärkt zurück nach vorn, wo sie durch den Fettkörper des Spermaceti-Organs gepresst und dadurch nochmals verstärkt werden. Das Klicken ist jetzt so laut, dass der Wal es mit einem gewaltigen Schalldruck von bis zu 200 Dezibel aus seinem Maul hinausschreit. Das ist so laut, als wenn jemand direkt an deinem Ohr einen Schuss abfeuern würde.

DAS ECHO

ersetzt die fehlende Sehkraft im Dunkeln. Erstaunlich ist, wie der Pottwal es hören kann: mit dem Unterkiefer. Die Knochen fangen die Schallwellen auf und leiten sie weiter zur Ohrschnecke, die direkt am Kiefergelenk anliegt und vibriert. Von dort aus werden die Schwingungen an das Gehirn geleitet, das die Information zu einem Bild verarbeitet. Wie dieses Bild aussieht, können wir nur vermuten, aber die gehörten Informationen reichen anscheinend aus, um sich zu orientieren und zu jagen. Kanadische Walforscher haben herausgefunden, dass junge Wale die Klicklaute von ihren Eltern lernen. Jede Familie verwendet eine eigene Lautfolge, zum Beispiel Klick-Klick-Klick—Pause—Klick-Klick. So geht „walisch".

Geheimnisvolle Giganten

Eine leichte Beute ist so ein gigantisches Meerestier wie der Riesenkalmar nicht. Mit seinen meterlangen Tentakeln um sich schlagend, wehrt er sich gegen Angreifer. Häufig tragen Pottwale große Narben davon, die von langen Kämpfen zeugen, bei denen die Riesenkalmare aber kaum eine Chance haben. Gesehen hat so einen Kampf allerdings noch niemand.

DIE RINGFÖRMIGEN NARBEN der Pottwale haben viele Fantasien zu den wenig erforschten Riesenkalmaren angeregt: Die großen Abdrücke von Saugnäpfen ließen Monstertintenfische von über 20 Meter Körperlänge vermuten, die man in wilden Gefechten mit den Pottwalen zeichnete. Man hatte allerdings übersehen, dass die Narben mit dem Pottwal mitwachsen und auf diese Weise immer größer werden. Heute bekannte Riesentintenfische sind höchstens zwölf Meter lang – also immer noch gewaltig groß!

IM MUSKELGEWEBE haben die Kalmare den Stoff Ammoniumchlorid eingelagert, der ihnen im Salzwasser Auftrieb verleiht. Der unangenehme Nebeneffekt ist ein stechender Gestank, der den Riesen für uns Menschen ungenießbar macht. Dem Pottwal schmeckt er trotzdem.

DIE TENTAKEL des Riesenkalmars sind mit vielen Saugnäpfen ausgestattet, in denen ringförmig angeordnet kleine spitze Zähne sitzen. Einmal im Griff des Kalmars, gibt es kaum eine Chance zu entkommen.

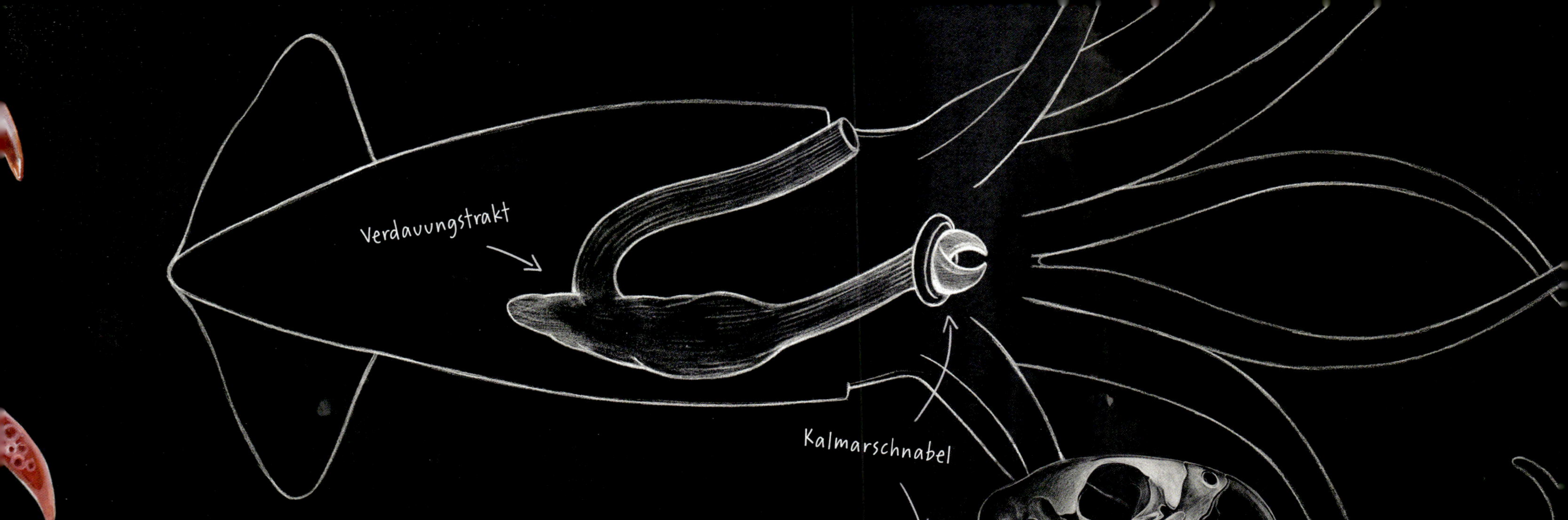

Verdauungstrakt

Kalmarschnabel

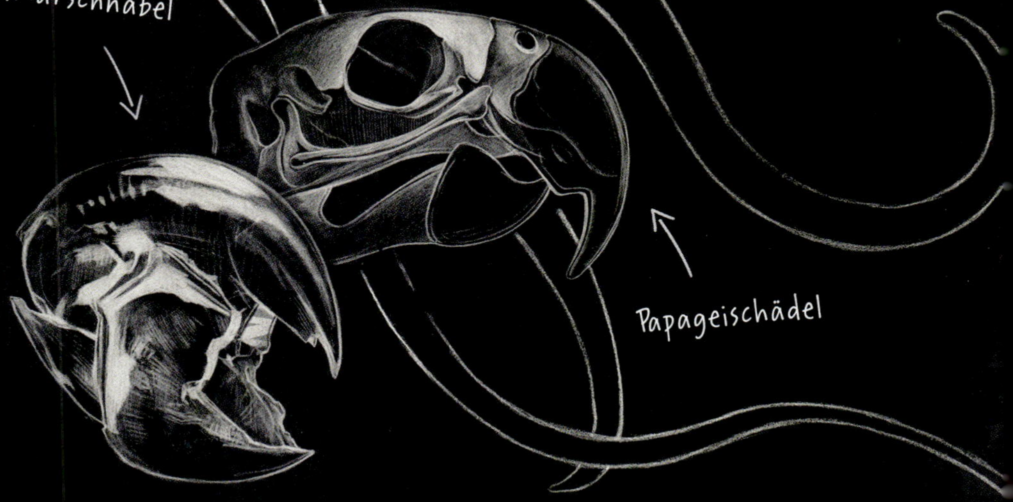

Papageischädel

1854 wurde in Dänemark erstmals ein Riesenkalmar angespült und beschrieben. Abgesehen von der beeindruckenden Größe unterscheidet sich *Architeuthis dux* körperlich nicht von seinen kleineren Verwandten. Zusammen mit dem Koloss-Kalmar *Mesonychoteuthis hamiltoni* gehört er zu den größten wirbellosen Tieren der Erde. Sie können bis zu 495 Kilogramm schwer werden – und dabei wiegt ihr Gehirn nur so viel wie eine Walnuss. Am Kopf tragen die Riesenkalmare zehn Tentakel. Zwei längere dienen zum Ergreifen von Beute – kleinere Tintenfischarten oder Fische –, bevor die übrigen acht sie umschließen. Die Tiere leben in Tiefen von 500 bis 1 000 Metern und sind in allen Ozeanen der Welt verbreitet.

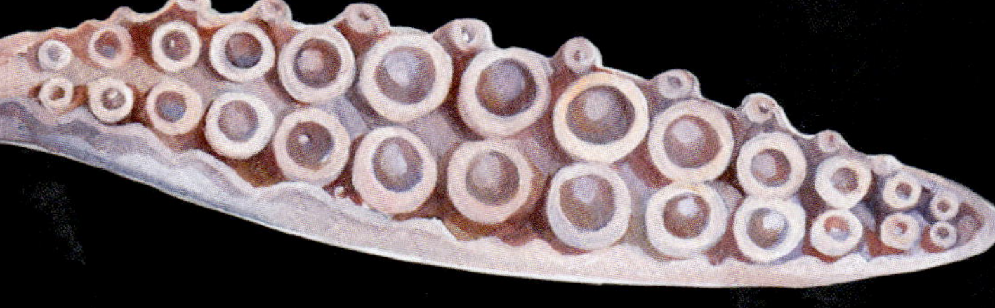

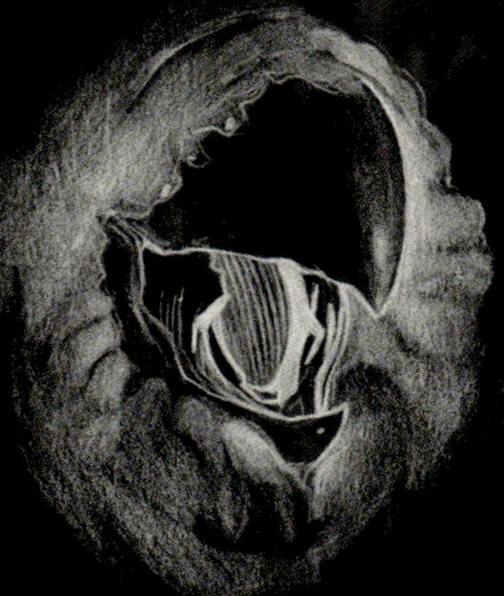

DER RIESENKALMAR besteht größtenteils aus einer gallertartigen Masse. Mitten in diesem glibbrigen Gewebe sitzt ein harter Schnabel, der dem eines Papageis sehr ähnlich ist – und so kräftig, dass er jede Beute zerfleischen kann.

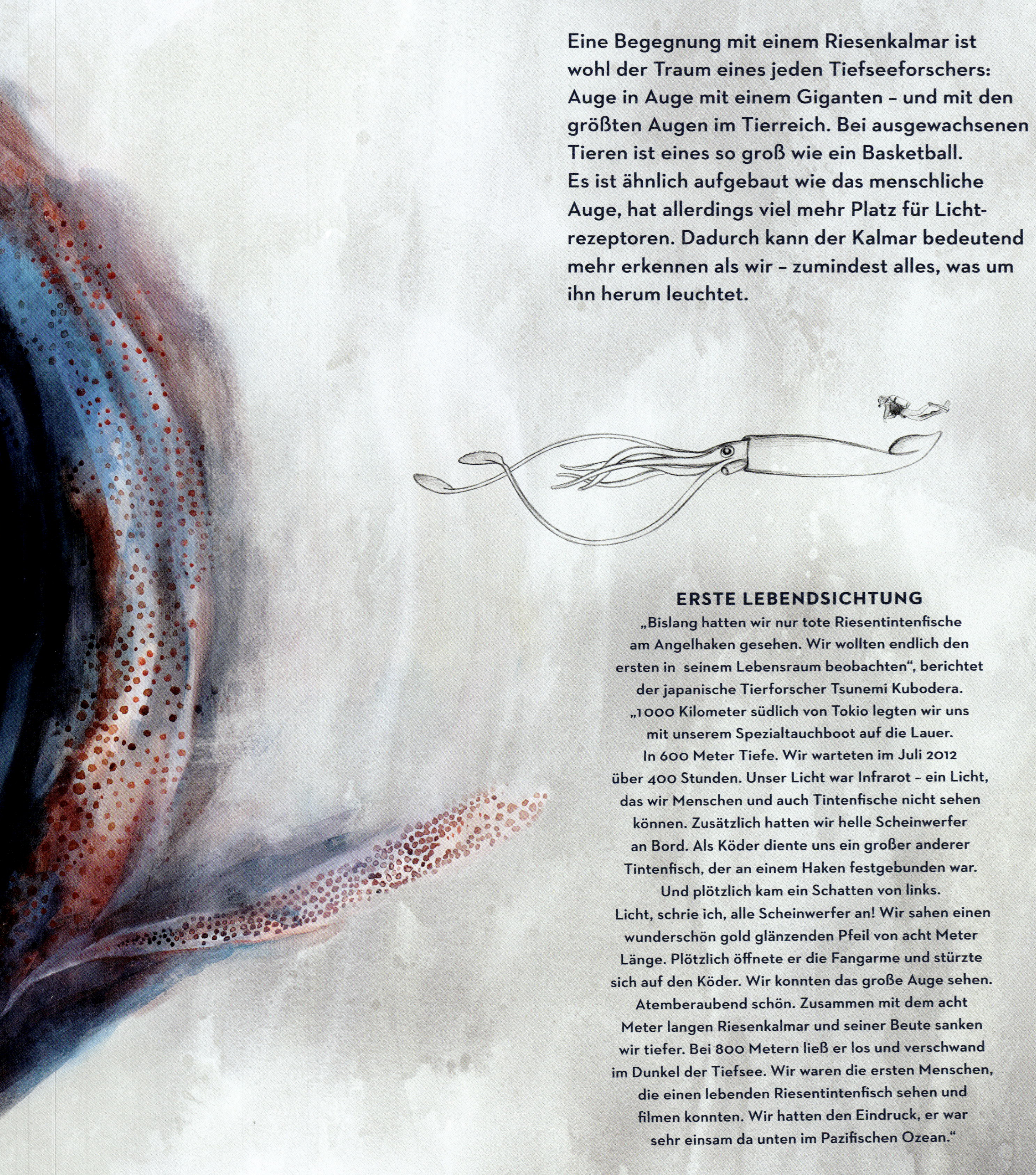

Eine Begegnung mit einem Riesenkalmar ist wohl der Traum eines jeden Tiefseeforschers: Auge in Auge mit einem Giganten – und mit den größten Augen im Tierreich. Bei ausgewachsenen Tieren ist eines so groß wie ein Basketball. Es ist ähnlich aufgebaut wie das menschliche Auge, hat allerdings viel mehr Platz für Lichtrezeptoren. Dadurch kann der Kalmar bedeutend mehr erkennen als wir – zumindest alles, was um ihn herum leuchtet.

ERSTE LEBENDSICHTUNG

„Bislang hatten wir nur tote Riesentintenfische am Angelhaken gesehen. Wir wollten endlich den ersten in seinem Lebensraum beobachten", berichtet der japanische Tierforscher Tsunemi Kubodera. „1000 Kilometer südlich von Tokio legten wir uns mit unserem Spezialtauchboot auf die Lauer. In 600 Meter Tiefe. Wir warteten im Juli 2012 über 400 Stunden. Unser Licht war Infrarot – ein Licht, das wir Menschen und auch Tintenfische nicht sehen können. Zusätzlich hatten wir helle Scheinwerfer an Bord. Als Köder diente uns ein großer anderer Tintenfisch, der an einem Haken festgebunden war. Und plötzlich kam ein Schatten von links. Licht, schrie ich, alle Scheinwerfer an! Wir sahen einen wunderschön gold glänzenden Pfeil von acht Meter Länge. Plötzlich öffnete er die Fangarme und stürzte sich auf den Köder. Wir konnten das große Auge sehen. Atemberaubend schön. Zusammen mit dem acht Meter langen Riesenkalmar und seiner Beute sanken wir tiefer. Bei 800 Metern ließ er los und verschwand im Dunkel der Tiefsee. Wir waren die ersten Menschen, die einen lebenden Riesentintenfisch sehen und filmen konnten. Wir hatten den Eindruck, er war sehr einsam da unten im Pazifischen Ozean."

Am Meeresboden

Unser Tauchboot erreicht den Grund: An dieser Stelle ist das Meer 4 621 Meter tief. Der dichte Schleier Meeresschnee ist zu einem spärlichen Rieseln geworden. Nur wenige Reste sinken an allen hungrigen Mäulern vorbei bis zum Meeresboden. Hier unten gibt es kaum Nahrung, um groß und stark werden. Giganten wie der Riesenkalmar sind die Ausnahme – man bekommt sie so gut wie nie vor die Kamera. Stattdessen erscheint der Meeresboden im Licht der Scheinwerfer wie eine Wüste aus Nichts, leer wie die Oberfläche des Mondes. Vor uns erstreckt sich ein endloser Teppich aus Jahrhunderte lang herabgesunkenen Resten, die sich hier schichten. Ein Zuhause für sehr genügsame Bewohner: Die Tiere am Grund des Ozeans benötigen kaum Energie, ihre Bewegungen sind langsam und sparsam.

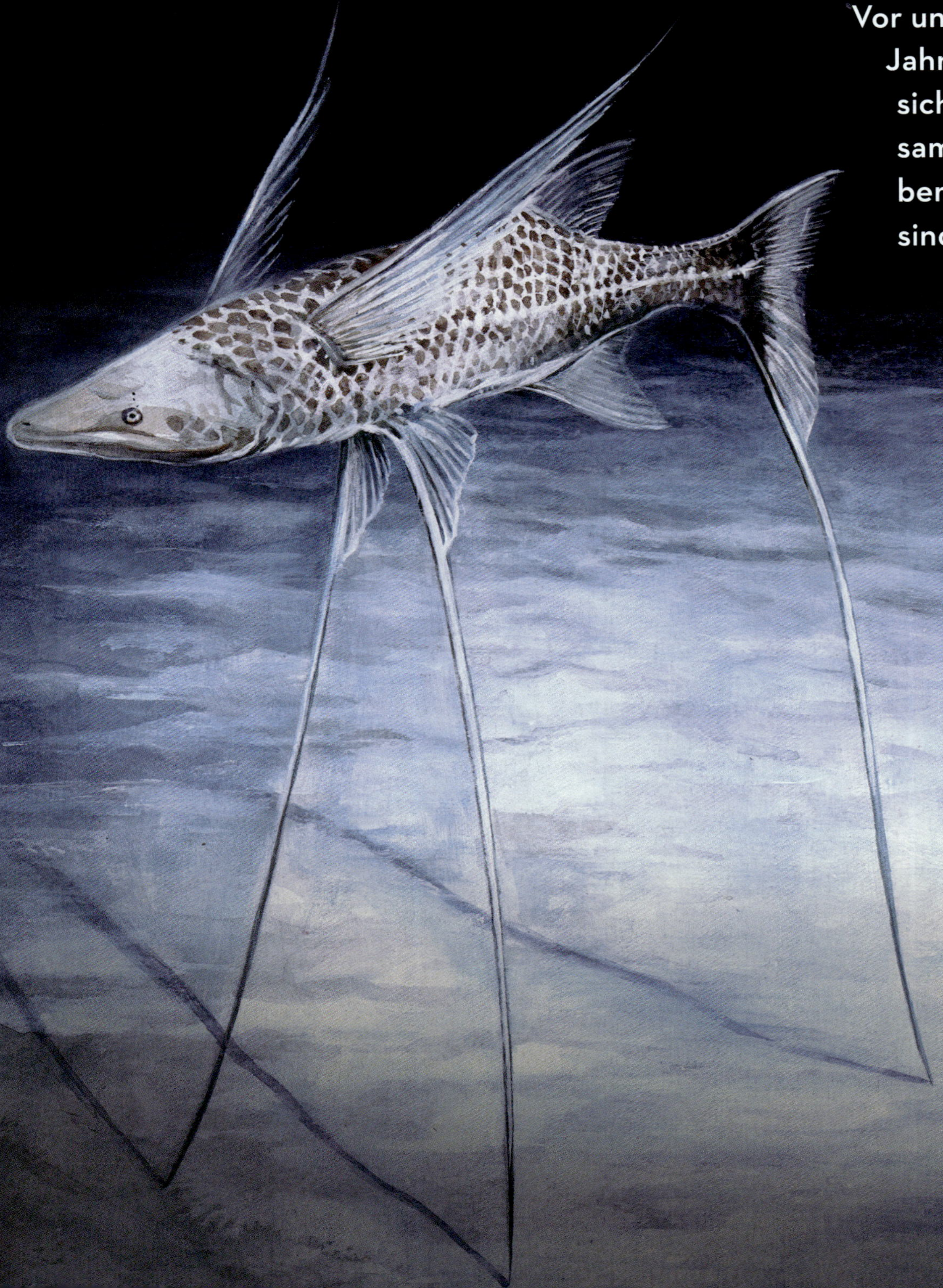

DER DREIBEINFISCH

Bathypterois grallator steht meist auf den kleinen Flossenstrahlen seiner Brust- und Bauchflosse auf dem Meeresgrund, um Energie zu sparen. Er legt nur in Ausnahmefällen kleine Strecken schwimmend zurück. Der nur 37 Zentimeter große Tiefseefisch wartet auf Ruderfußkrebse, seine Nahrung. Als Zwitter produziert er zugleich Samen und Eier und kann sich so ohne Partner fortpflanzen.

DER MEERESBODEN

ist so unbeschreiblich groß, dass er eine ebenso große Vielfalt aufweist wie die Landschaften an der Oberfläche. Der erste Eindruck der lebensfeindlichen Leere täuscht: Abhängig von den vorherrschenden Bedingungen findet man völlig verschiedene Lebensräume vor. Und die meisten Orte hat noch kein Mensch je gesehen! Temperatur, Strömungen und Nährstoffangebot formen die Ökosysteme. Gemeinsam ist ihnen allen: Es gibt mehr Leben, als man vermuten würde.

DER SCHEIBENBAUCHFISCH

ist Weltrekordhalter in Sachen Tiefe. Er wurde im Marianengraben 8 178 Meter unter dem Meer entdeckt. An der tiefsten Stelle misst der Graben knapp 11 000 Meter: Das ist der tiefste Punkt im Meer, den wir kennen. Noch nie zuvor wurde ein Fisch dort unten gesichtet. Seinen Namen verdankt der Scheibenbauchfisch seinen Bauchflossen, die zu einer Bauchscheibe umgebildet sind. Er lebt in Gruppen und jagt Riesenflohkrebse.

DIE FLOHKREBSE

haben einen stabilen Panzer. Um ihn zu knacken, besitzen die harmlos aussehenden, fast durchsichtigen Scheibenbauchfische einen Kiefer mit über 7 000 Zähnen in mehreren Reihen. Ihre Augen sind winzig klein, sie orientieren sich mit Sinnesgruben am Maul. Um dem Druck in der Tiefe zu trotzen, besitzen sie überdurchschnittlich viel Trimethylaminoxid, kurz TMAU. Dieses Enzym festigt Eiweiße in den Fischzellen gegen den Druck. Übrigens ist TMAU auch für den unangenehmen Fischgeruch verantwortlich. Scheibenbäuche dürften daher ziemlich stinken!

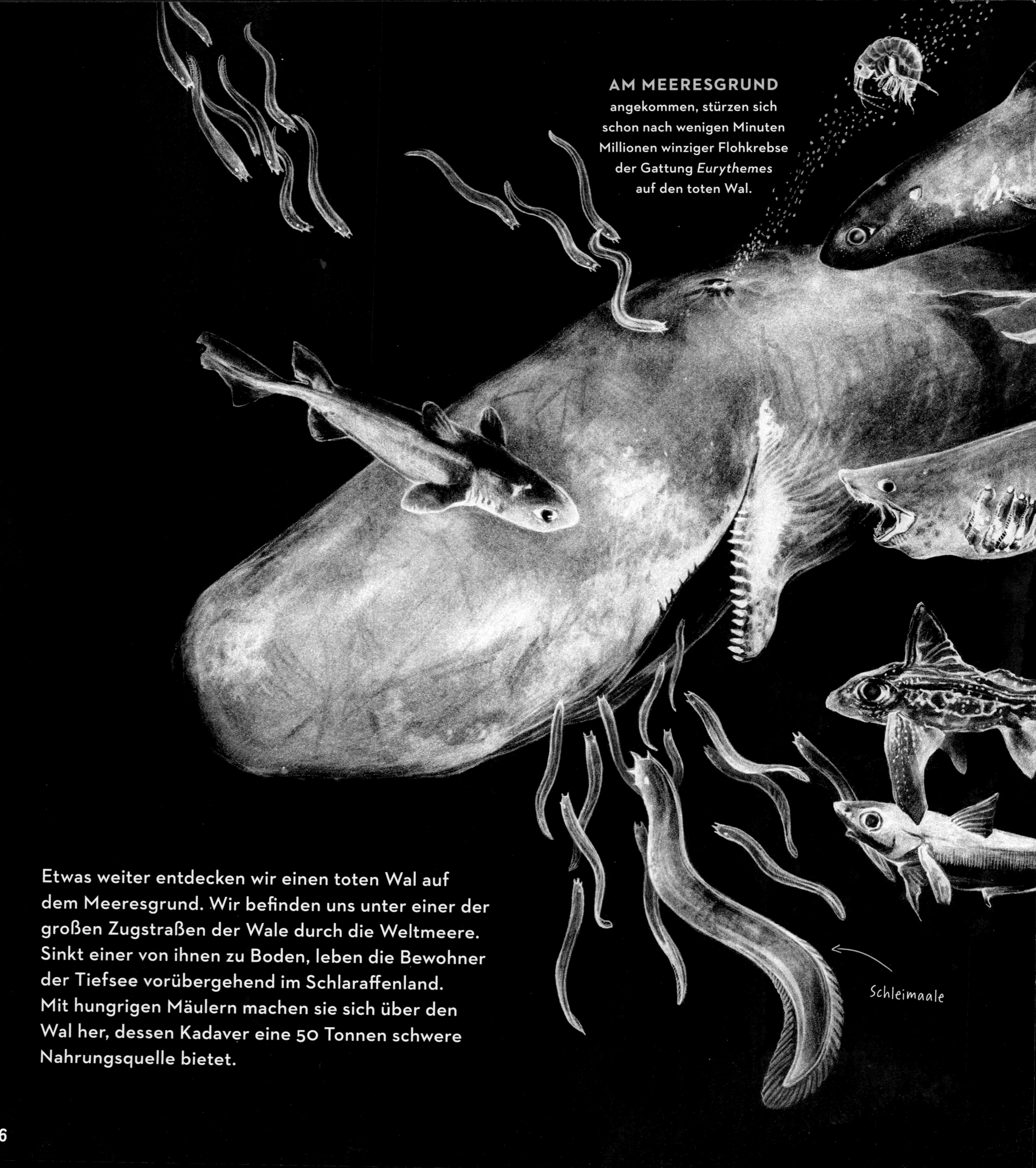

Etwas weiter entdecken wir einen toten Wal auf dem Meeresgrund. Wir befinden uns unter einer der großen Zugstraßen der Wale durch die Weltmeere. Sinkt einer von ihnen zu Boden, leben die Bewohner der Tiefsee vorübergehend im Schlaraffenland. Mit hungrigen Mäulern machen sie sich über den Wal her, dessen Kadaver eine 50 Tonnen schwere Nahrungsquelle bietet.

SCHOKOLADENHAIE
tauchen auf – den Namen verdanken sie ihrer bräunlichen Färbung.

DER SECHSKIEMERHAI
(Hexanchus griseus) ist einer der größten Bewohner der Tiefsee. Er kann sehr lange ohne Nahrung auskommen. Es kommt vor, dass er schon viele Monate nichts gefressen hat, wenn er die Futterstelle erreicht.

Die ersten, die sich an dem willkommenen Leckerbissen satt fressen, sind Haie und große Fische. Ihr guter Geruchssinn hat sie hergeführt. Mit ihren kräftigen Zähnen reißen sie große Stücke aus dem toten Walkörper und öffnen die feste Haut für kleinere Esser. Ein ganz neues Ökosystem entsteht am Grund des Meers. Ist der tote Wal aufgefressen, ziehen seine Bewohner zum nächsten Kadaver weiter. Bis es soweit ist, vergehen aber rund 50 Jahre.

Chimären

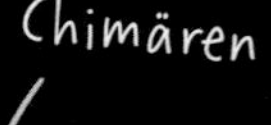

DIE NACHHUT
bilden Asseln, Schnecken, Muscheln und Würmer, aber auch sie kommen noch auf ihre Kosten.

CHIMÄREN
und Schleimaale kommen als nächstes, dazu Riesenkrabben und Flohkrebse. Auf jedem Zentimeter totem Fleisch tummelt sich das Leben. Erst wenn nach etwa fünf Jahren der Großteil verspeist ist, ändert sich das Bild.

Einige Monate später kehren wir zurück und schauen mit Tiefseekameras nach dem Wal: Nur noch sein Skelett ist übrig. Es ist ruhig geworden um das Festmahl. Wenige Schleimaale schwimmen umher. Der Meeresboden um die Knochen ist übersät mit Muscheln. Man könnte meinen, es seien viel weniger Tiere am Werk als zu Beginn. Doch der Schein trügt: Die letzten Esser sind unendlich zahlreich, allerdings sehr klein und auf den ersten Blick nicht zu erkennen. Wie von einem flauschigen Teppich sind die Walknochen von Millionen kleiner Würmer bedeckt. Sie sorgen dafür, dass sämtliche Nährstoffe in den Kreislauf des Lebens zurückkehren. Wer weiß, welch neues Leben aus den Überresten entstehen kann? Ein Ende ist immer auch ein Anfang.

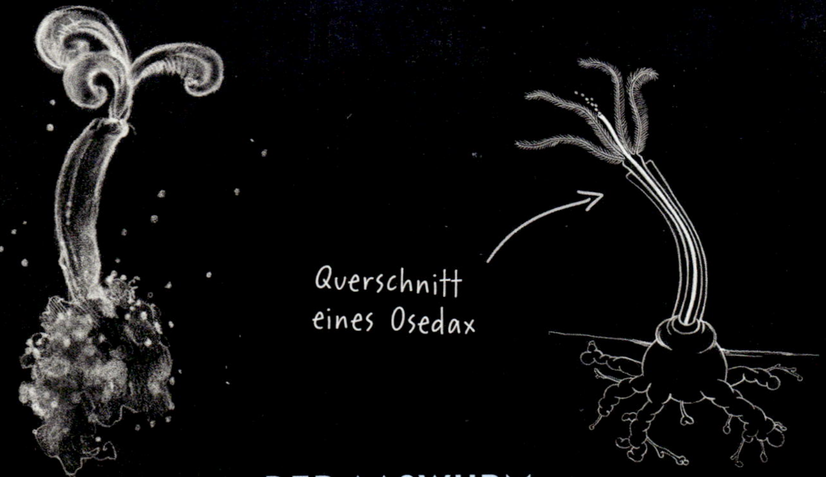

DER AASWURM

Osedax ist ein wahrer Spezialist für Walknochen. Millionen seiner Art schwimmen herbei und besiedeln das Skelett. Der Wurm hat weder Mund noch Magen. Er lebt in Gemeinschaft mit Bakterien, die ihm beim Aufspalten der Knochen helfen. Dazu schiebt er wurzelartige Fortsätze an seinem Vorderende in die Knochen. Die Bakterien in den Fortsätzen ätzen die Knochen mit Säure an und verdauen die Fette und das Knochengewebe. Der Wurm bekommt den Großteil der Nährstoffe ab. Wenn vom Knochen nichts mehr übrig ist, ziehen die Osedaxwürmer weiter.

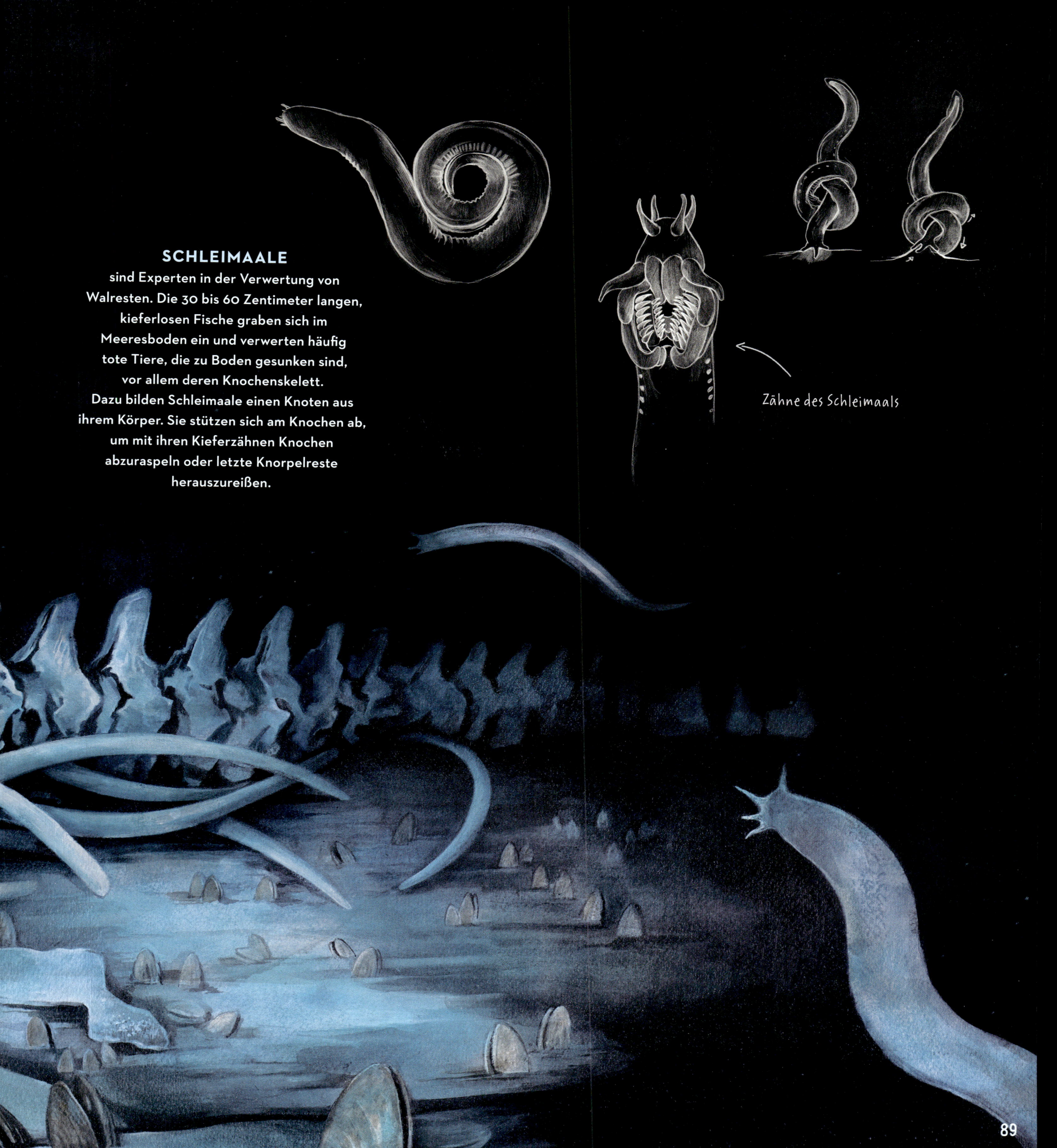

SCHLEIMAALE

sind Experten in der Verwertung von Walresten. Die 30 bis 60 Zentimeter langen, kieferlosen Fische graben sich im Meeresboden ein und verwerten häufig tote Tiere, die zu Boden gesunken sind, vor allem deren Knochenskelett. Dazu bilden Schleimaale einen Knoten aus ihrem Körper. Sie stützen sich am Knochen ab, um mit ihren Kieferzähnen Knochen abzuraspeln oder letzte Knorpelreste herauszureißen.

Unterwasser-Gärten

Nach langer Fahrt durch die Dunkelheit mit nichts als ein paar Krümeln Meeresschnee und einem toten Wal erstreckt sich vor uns im Lichtkegel des Scheinwerfers plötzlich ein Teppich aus bunten Farben und zahllosen Formen. Ein atemberaubender Anblick! Man kann sich leicht ausrechnen, dass die Kaltwasser-Korallenriffe der Tiefsee viele Tausend Jahre alt sind, denn sie wachsen nur wenige Tausendstel Millimeter pro Jahr. In diesen Unterwasser-Städten siedeln sich Schlangensterne namens Gorgonenhäupter an. Schwämme filtern das Wasser, Seesterne öffnen Muscheln, Krebse untersuchen Seeanemonen und Fische suchen Schutz für sich und ihren Nachwuchs in Rillen und unter Steinen. Korallenriffe sind ein wahres Wunder der Schöpfungskraft unserer Natur – und eine Wiege neuen Lebens am Grund des Ozeans.

KALTWASSERKORALLEN

wachsen sehr, sehr langsam am Grund der Tiefsee, da auch sie sich einzig von den Planktonresten ernähren, die in die Tiefe hinabrieseln. Erst im Jahr 2002 entdeckte man, dass es auch im kalten Wasser des Nordatlantiks Korallen gibt. Die Korallengärten sind die Heimat überaus artenreicher Lebensgemeinschaften von Meerestieren und haben daher eine große Bedeutung für das Ökosystem. Über 1 300 Tierarten fand man zwischen den verzweigten bleichen Ästen aus Calciumcarbonat. Neben Schwämmen und Krebstieren leben hier viele Fischarten, denen die Korallenriffe als Kinderstube dienen: Die Jungfische verstecken sich im „Geäst" vor Fressfeinden und verteidigen gleichzeitig ihre Korallen. Ohne diese Unterwasser-Kindergärten gäbe es bei uns keinen Fisch auf dem Teller!

Doch ein Ereignis stellt alles Staunen über die geheimnisvolle Tierwelt der Tiefe in den Schatten: Die Entdeckung der Schwarzen Raucher. In über 6 000 Meter Tiefe steigen plötzlich schwarze Wolken auf. Siedend heißes Wasser strömt aus einer dünnen Öffnung des Meeresbodens. Das vulkanische Innere der Erde dringt nach außen. Rundherum herrscht eine giftige Atmosphäre aus Schwefelwasserstoff, die Wassertemperatur steigt auf 400 Grad Celsius, und es gibt absolut keinen Sauerstoff. Hier kann nichts überleben, würde man meinen. Doch ganz im Gegenteil: Auf jedem Zentimeter um die kochenden Schlote pulsiert das Leben. So muss es vor Millionen von Jahren einmal begonnen haben. Wissenschaftler sind sich einig, den Ursprung des Lebens auf der Erde gefunden zu haben – und zwar so fern der Sonne wie auf unserem Planeten nur möglich.

SCHWEFELBAKTERIEN erlauben es anderen Tieren, in dieser lebensfeindlichen Welt zu bestehen. Sie leben in unterschiedlichen Lebensgemeinschaften, in denen sie den eigentlich giftigen Schwefel spalten und für die Tiere nutzbar machen.

RÖHRENWÜRMER
sind typisch für den Lebensraum der Schwarzen Raucher. Auch sie bilden mit Schwefelbakterien eine Lebensgemeinschaft. Da der Röhrenwurm weder Mund noch Magen und Darm hat, helfen ihm die Bakterien, sich zu ernähren. Die winzigen Einzeller sitzen in seiner Haut, liefern ihm Nährstoffe und entsorgen die Abfälle.

Meine Liebe zum Meer entzündete sich beim Schnorcheln an einem indonesischen Riff: Nie werde ich den Anblick meiner ersten Meeresschildkröte vergessen, der ich sofort fasziniert hinterherpaddelte – bis sich das türkisblaue Wasser unter mir in ein tiefes Schwarz verwandelte. Ohne es zu merken, war ich über die Riffkante geschwommen. Die ruhigen Schwimmbewegungen des wunderschönen Tiers hatten mir jedes Gefühl von Raum und Zeit genommen.

Ein nächster Sommerurlaub führte mich auf eine Insel, die von paradiesisch weißen Stränden gesäumt war. Eines Nachts wurde das Atoll von einem heftigen Wirbelsturm heimgesucht, der als wütendes Gewitter über dem offenen Meer tobte. Der eigentliche Schreck jedoch kam am nächsten Tag: Wo ich am Vortag eine makellose weiße Sandfläche bis zur nächsten Landzunge bewundert hatte, erstreckte sich heute ein bunter Teppich neben der tosenden Gischt. Eine unendliche Flut aus Plastikmüll in allen erdenklichen Farben bedeckte jeden Zentimeter Sand. Das Meer hatte ausgespuckt, was wir Menschen zuvor in ihm entsorgt hatten …
Zwei Tage später war der Strand wieder weiß – aufgeräumt für die Touristen, die ihren Urlaub im Paradies verbringen möchten. Doch die Realität sieht anders aus: Was der Wirbelsturm offenbart hat, war nur ein winziger Bruchteil der tatsächlichen Verschmutzung.
Ein erschreckender Anblick, den wir ändern müssen!

Eure

Ozeane in Gefahr

Jedes Jahr verlieren etwa 100 000 Meeressäuger und eine Million Meeresvögel ihr Leben durch Plastik. Der Kunststoff, den wir Menschen erfunden haben, ist ein wachsendes Problem für das Leben unter Wasser: Wale und Delfine verfangen sich in alten Fischernetzen aus Plastik. Meeresbewohner verwechseln Plastiktüten mit Quallen, und so gelangen die Tüten neben unendlich vielen anderen Teilen in ihre Mägen. In den sogenannten Müllstrudeln auf den Weltmeeren sammeln sich gigantische Müllteppiche, so groß wie ganze Länder. Die Plastikteile werden vom Wellenschlag zerstückelt und schließlich zu Mikroplastikteilchen zerkleinert. Diese sinken mit dem Meeresschnee zu Boden und werden Teil der gigantischen Nahrungsketten in den Weltmeeren. Schon heute kommt auf zwei Plankton-Teilchen ein Müll-Teilchen. Am Ende einer langen Reihe, die vom Zooplankton über kleine und große Fische führt, gelangen sie auch in unsere Körper. Wir müssen die Vermüllung der Ozeane dringend stoppen! Ein kleiner Anfang wäre schnell gemacht, indem wir ab sofort auf Plastiktüten, Plastikverpackungen und Plastikflaschen verzichten. Macht ihr mit?

Eure Annika Siems und Wolfgang Dreyer

Register

ANNIKA SIEMS studierte Wissenschaftsillustration und Malerei in Paris und Hamburg und arbeitet heute als freiberufliche Künstlerin. Viele ihrer Illustrationen sind im Original meisterhafte Ölgemälde in eindrucksvollen Formaten, die für das Buch fotografiert wurden.

DR. WOLFGANG DREYER ist Zoologe und Verfasser zahlreicher naturwissenschaftlicher Bücher. Bis 2014 leitete er das Zoologische Museum der Christian-Albrechts-Universität zu Kiel. In diesem geschichtsträchtigen Haus entstand vor rund 150 Jahren die weltweite Meeresforschung.

Dieses Buch enthält neueste Forschungsergebnisse und ist damit das aktuellste Kinderbuch zu diesem Thema.

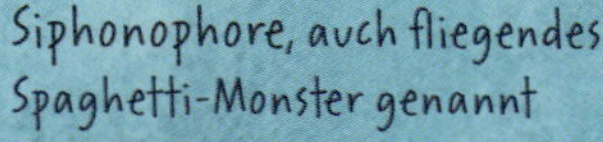

in der Penguin Random House Verlagsgruppe GmbH
Neumarkter Straße 28 · 81673 München
3. Auflage 2022

Dieses Projekt wurde gefördert durch die VG-Bild Kunst und basiert auf einer Masterarbeit an der HAW-Hamburg, betreut durch die Professoren Reinhard Schulz-Schaeffer und Christian Hahn.

Projektleitung: Doris Kutschbach
Projektmanagement: Melanie Schöni
Lektorat: Katharina Knüppel
Herstellung: Susanne Hermann
Satz: Annika Siems und Susanne Hermann
Lithografie: Reproline Mediateam, München
Druck und Bindung: DZS Grafik, Slowenien
Papier: Profibulk

Penguin Random House Verlagsgruppe
FSC® N001967

Printed in Bosnia and Herzegovina
ISBN 978-3-7913-7389-8
www.prestel-junior.de

Bei diesem Buch wurden die durch das verwendete Material und die Produktion entstandenen CO_2-Emissionen ausgeglichen, indem der Prestel-Verlag ein Projekt zur Aufforstung in Brasilien unterstützt. Weitere Informationen zu dem Projekt unter: www.ClimatePartner.com/14044-1912-1001